「はじめに」で読み解く再生人権論史
1983-2016

佐々木允臣
SASAKI Nobuomi

文理閣

はじめに

エネルギー不足のせいか努力の至らなさのためか、ここ三〇余年の間に人権に関わる研究に携わってきたが、自慢にもならないことを承知で白状すれば書き下ろしのものは一冊もない。ただその代わりにほぼ毎年二〇数ページの論文を執筆し続けてきた。人にもよるが、筆者の場合、論文の最初に必ず「はじめに」をおくようにし、そこに問題意識や論点を提示するのがいつの間にか習慣になっていたが、同時に執筆の際に背景となっている国内外の重大な事件やそれに基因する思想・理論の動向に触れるようにも努めてきた。お陰で三二本の論文を年代順に並べて「はじめに」だけを読んでみると、少し詳細な年表を辿っているような感想を覚え新たな感慨に浸ることもあった。その年表風の本書の主題となっている「再生人権論」というのは前世紀の七〇年代末から八〇年代にかけて主として欧米で復活し現在にまで反響を辿れる規範哲学、その重要な一部門としての人権論を指している。この「はじめに」でその反響の軌跡を一〇年ごとに特徴点をまとめてみると意外な結果が出て驚いている。以下のように整理できるのである。

まず、前世紀の「八〇年代」は硬直した社会主義体制下の国家主義と逆に先進資本主義国でのネオ・リベラリズムの台頭による国家の後退（人権の分類からいえば「からの自由」の無視とその反対の偏在）であり、思想面では「規範理論や政治哲学の回帰・復権」が取りざたされた。冷戦の一角であったソ連・東欧の社会主義圏が崩壊したため、「九〇年代」は対抗軸がアメリカ型のリベラルな資本主義とヨーロッパ型の福祉国家的な資本主義との対比（「からの自由」対「による自由」）に移り、個々人の積極的な公共空間への参加を促す「市民社会論の再生・活性化」が話題となった。さらに世紀を越えていわゆる「〇年代」となると、ネオ・リベラリズムが世界中を席巻するようになり、グローバリズムの到来となる。思潮としてはポスト・モダンの効果が現れ始めたのか「差異」が強調され、個々人の自由の謳歌が拡散を見せ、反面、自己責任・個人責任が厳しくついてまわった。現在進行形の「一〇年代」は、グローバリズムの帰結であることが認められ始めた「格差拡大」と「貧困」の蔓延に彩られることになるのである。ここにきて一転「自国ファースト」あるいは「移民・難民」排除、異人種・異民族への嫌悪が至る所で見られだす。「からの自由」から再び「による自由」への復帰がいわれるが、オンリーワンの独自性に酔いしれたため、正式の権力の場でも公共空間においても対処療法的な方策が語られるだけである。その上、総選挙を控えて突如、近隣からの脅威という「国難」に見舞われていると告知され、「一億総活躍」することによって「美しい国」を守るよう上から呼びかけられている。残り少なくなった一〇年代の末に生きている我々はいかに対応すべきなのであろうか。軍拡と改憲による抑止力の更なる強化か、ノーベル平和賞を貰ったＩＣＡＮの抑止力という発想を認めない核廃絶という方向および国連総会で採択された「平和への権利宣言」に基づく九条死守の方向か、選択を避けるわけにはいかない局面に立たされている。

なお、お詫びと注意事項を幾つかしておかなければならない。一つは「はじめに」を表題にしながら、論文の体裁上あるいは他の論文との重複でカットしたため「はじめに」がなかったり極小になったため別の節や項から一部分補充した部分があること。特にナンバー29、31、32等に著しい。二つ目は、九〇年代以降は英米の文献よりもフランスの文献に偏っていること。その訳は筆者の関心が後者により強く移ったことと、二〇〇五年に大学を定年退職したため文献を参照しうる機会が希少になったためである。最後に、各項目の冒頭においた年度は論文の掲載された雑誌等の発行年であって、実際の執筆は約一年前であること。したがって、念頭にあった諸事件・諸思想の潮流に触れている場合、若干のズレがある。

凡例：「　」内で表示されている論文は、原則「島大法学」に掲載されたものであり、大半は筆者の『人権の創出』、『もう一つの人権論（増補新版）』、『自律的社会と人権』、『人権への視座』に収録されている。

目次

1　人権と時代の諸相

＊一九八三年（昭和五八年）
五月　日本海中部地震発生、死者・行方不明者一〇四人
九月　大韓航空機、ソ連に撃墜される

仮りに暗黒が
永遠に地球をとらえてゐようとも
権利はいつも
目覚めてゐるだろう
薔薇は暗の中で
まっくろに見えるだけだ
もし陽がいっぺんに射したら
薔薇色であったことを証明するだろう
……

（岩波文庫『小熊秀雄詩集』より）

この詩の解釈がどうあれ、ファシズムの暗黒が地球上より一掃されたとき、ほぼ三世紀前に思想家の脳髄や市民層の心臓に宿った自然権あるいは人権の観念が再び甦り、国連の『世界人権宣言』(一九四八年採択)となって具体化したことは余りにも有名である。日本国憲法のいうように人権は「過去幾多の試練に堪へ」(第九七条)たのである。あまつさえ『人権に関するヨーロッパ協定』(一九五〇年採択、一九五四年施行)、二つの『国際人権規約』(一九六六年採択、一九六七年発効)によって第二次世界大戦以降人権のカテゴリーは豊富にされ国際法の一部にもなって世界的に普及することとなった。法学者による人権の体系化はもとより哲学者による人権観念の緻密な論理的歴史的分析も盛んに試みられてきている。

その動向の中でとくに目に付くのは実に様々な要求が「新しい人権」の名の下に唱えられてきている点である。たとえばプライバシー権、環境権、日照権、眺望権、入浜権、アクセス権、情報権(知る権利)、平和的生存権(平和に生きる権利)、生活権、学習権、健康権、死ぬ権利(安楽死)、嫌煙権、嫌酔権、幸福追求の一種としての在監者の喫煙権、大麻吸煙の自由権、休息権、平面歩行権、納税者の権利、消費者の権利、身体障害者の権利、子供の権利、老人の権利などである。これらの内にはすでに人権としての形成過程の最終章に差しかかっているともいえる権利要求もあるが、大半は従来の人権体系論あるいは類型論によっては捉えきれない「新しさ」をもっているとされており、その結果、人権として主張されているこれらの要求の権利性、人権性自体が何よりもまず論議の余地あるものとみなされている。もっともややシニカルに「人権のインフレ化」、「権利爆発現象」、「『新しい人権』の噴出現象」と表現されているこうした事態は必ずしもわが国に限定されたものではなく、『世界人権宣言』が公布された頃イギリスでも「生活給への自然権、労働権、陪審裁判への権利、午後八時以降にタバコを買う権利、キャンピングカーで道端に野宿する権利、禁漁期のスコットランドでライチョウのいる原野を歩く権利」など種々雑多の人権要求がなされたという。余りに戯画化された要求もあり事の真偽を疑いたくもなるが、人権というものの捕らえどころのなさを示す格好の事例ではあろう。

しかし翻って一定の状態が事実として存在しないが故に権利として要求されているのだというように考えれば、人権の豊富な要求＝カタログは貧困な現実を反映したものに過ぎないとも言えよう。人権の名を冠した一部のムード的な要求を別にすれば、人権要求は人間の尊厳を著しく傷つけるような否定的な現実に、とりわけ古代ギリシャの哲学者たちが万物の根元をなす四大元素とみなした水・土・火・空気といった人間生命存立の基礎的条件をさえ営利のために掘り崩しつつある産業公害に、肥大化した国家機構を槓杆にして自由なものとして生まれたはずの人間を閉塞させるような管理社会化に、巨大テクノロジーの一面的発展と職場への導入による人間の多面的発達能力の矮小化に、なかでも軍事拡大による生活破壊と際限のない核兵器競争によるホロコーストの現実的可能性の増大に、一口にいって人間存在の究極にかかわる疎外状況に、その客観的根拠を有していると言えるのである。

ところで、もし普遍的な人権に関する要求がこのように特殊な歴史的現実に触発されて起こってくるのだとすれば、理論家によるかかる事態の観念的表現としての人権論はエポック・メーキングな事件を素材にしつつ種々様々の人権要求を体系的に整理するかたちで後追い的に登場してくると言えよう。第二次大戦後に限定して各種の人権論が共通に念頭においている主要な事件を機械的に一〇年おきに区切って摘出しておくと、まず四〇年代後半から五〇年代まではナチズムによる言語を絶するような人権蹂躙の事態の想起と『世界人権宣言』の公布とが近代的人権の承認を最小限の内容とする自然法論の復活を促している。次の六〇年代には南アフリカとアメリカでの人種差別、ソ連における及びソ連による社会主義社会での市民的自由の抑圧が人権論のテーマを覆っている。この時期までは近代的ないし形式的な自由と平等でさえ無視する非道な状況の克服が前面に出ている点に特徴があるように思える。

そして七〇年代から八〇年代初頭にかけてはアメリカのベトナム侵略戦争およびアメリカでの良心的兵役拒否の運動、先進資本主義国での経済的福祉と発展途上国での飢餓的生活水準の問題、核戦争の脅威、積極的な面では国際人権規約をはじめとする諸々の人権条約の発効などが注目すべきものとして取り上げられよう。実質上の自由・平等に強調点が移行しているのと再び戦争と平和の問題がシリアスになってきているのに気づかれよう。

なお、六〇年代後半からの人権論は西ドイツでの実践哲学、英米での政治哲学の復権と並行しつつ、実証主義的ないし功利主義的思考法と分析哲学の影響による規範的価値論の軽視を乗り超えようとしている点に特徴が見いだせる。

（「現代人権論の諸相（一）」一九八三・一二）

2 旧社会主義圏における人権論

前項で触れたように、ナチズム、スターリニズムによる非道な人権蹂躙という重い過去を背負い『世界人権宣言』を発展させた国際人権規約の発効という現在の時点に立って、人権の定着した未来社会を志向し、欧米では政治哲学・実践哲学の復興が唱えられその一環として人権論が盛んに展開されている。マルクス主義の側でも、チェコスロバキヤ（「プラハの春」）、ポーランド〈連帯運動〉での新しい実験やユーロコミュニズムの新戦略を反映して多元主義の提唱やリベラルな諸権利の継承発展が強調されている。わが国でも『社会科学年報』を舞台にして主としてマルクス主義を共通項にしてではあるが、諸外国の理論家を含めての国際論争と現代に相応しい人権論の構築が模索されている。多少誇張して言えば、少なくとも理論面では一八世紀末に似た〈人権革命〉とでも名付けられ得るような状況が現出してもよさそうな様相である。

ところで、革命を志向する側の人権論の展開にとっては、私的所有に基因する社会的経済的不平等を告発することによって近代的人権の抽象性の批判とその揚棄とを視野に入れなければならない。その点で一九八三年はマルクス没後一〇〇年という年に当たり、ちょうど五年前のルソー没後二〇〇年と結びつけ両者の関係のもつ意味を考えるまたとない良い機会であった。ただ一〇〇年というこの間に資本主義の発展とそれに伴う巨大な社会変動があり、それを反映してブルジョア革命前夜のルソーとプロレタリアート革命前夜のマルクスという数字には表れない両者の質的落差が彼らによって確立された世界観や方法論にも現れており、そのために両者の内在的関連を問うた試みは必ずしも多くはない。

（「ルソーとマルクス」一九八三・一〇）

3 人権は巡る

＊一九八四年（昭和五九年）三月、九月 グリコ、森永事件発覚

ほぼ三世紀を経て人権は円環を一巡したようである。一七・一八世紀のイギリス、アメリカ、フランスの土壌に開花した自然権論としての人権思想は、続くブルジョアの世紀に各国の実定法に組み入れられ、二〇世紀の中葉を過ぎて国際法による実定法化を見るに至り国籍を問わない文字通り人間としての権利へと成長した。そして一九六〇年代の後半から始まった規範哲学の復権は、かつての自然権思想の理論上の問題点を反省しより洗練されたかたちでの人権論の再構築を課題の一つにしている。ここに至って人権は再び思想の領域に立ち戻ってきたと言えよう。ただ近代の自然権思想が細部では異なりつつも人間本性論ないし自然状態論を共通に人権論の出発点にしていたのに対し、近年の人権論は基本的事項においても百花繚乱とまではゆかないにしてもかなり拡散の様相を呈している。分析哲学の影響など様々の理由が考えられるが、なんといっても自然権思想が少なくとも反封建で一致しているのに反し、近年の人権論が

必ずしも反資本でまとまっていないからであろう。若干の自由主義的なものを除くと、人権論の多くは私的所有権の存続を前提にその弊害の修正を心がける社会民主主義的な考えに近いものであり、他方でマルクス主義は人権カテゴリー自体をブルジョア・イデオロギーとして拒否する傾向にあるからである。しかし、はたして人権は資本主義と不可分なものであろうか、あるいは社会主義と相容れない単なるイデオロギーに過ぎないのであろうか。

（「マルクス主義的人権論の可能性」一九八四・六）

4 対立する諸側面

＊一九八五年（昭和六〇年）
八月　日航機、御巣鷹山に墜落、死者五二〇人
＊一九八六年（昭和六一年）
四月　ソ連、チェルノブイリで原発事故発生

今日、人権が『国際人権規約』をはじめとする各種の条約や協定に具体化・法制度化されるに至っているようにすべての人々が平等に自由権をもっていることは世界的な規模でコンセンサスを得ているといいうるであろうし、また人権論の復権・再生もその一つの反映であると言えよう。しかし、他方人権侵害が東西の両体制を通じてみられる普遍的現象であるし、個々人の人権よりも国民全体の利益向上を善とする功利主義、人権の主体であるはずの「人間の死」を唱える構造主義、人権の重要なモメントたる超越性を否定するヘーゲル流の歴史主義等のアンチ・ヒューマニズム、人権の前提である抽象的個人主義を否定して古代自然法論への復帰を主張するアンチ・法的ヒューマニズムの理論的潮流が存在することも否定し得ない事実である。

人権承認のコンセンサスと人権侵害の普遍性、人権論の盛況と人権否定に結びつく様々の言説の根強い存在、この対立関係をまずは確認せざるを得ない。

つぎに、仮に人権の存在が理論的にも論証されうるとして、では「人間が、人間であるかぎり、人間として有する権利」という人権の定式は、「人民の、人民による、人民のための政治」という人民主権の定式といかなる関係に立つのであろうか。人民主権を含めて権力はすべて濫用されるおそれがある、とのリアルな認識にたって人権を権力の介入し得ない私的な聖域とみなす自由主義的な立場からの把握が考えられる。ここでは人権は権力への対抗原理である。これに反し、人民主権によってのみ人権は保障されうるとのイデアルな立場にたって人権と権力の和解する公的な空間を構想する民主主義的な理解も考えられる。「人権と政治」の関係をどう捉えるかについても対立は否定し得ない。

さらに、自由権が人権であることは人権を認める論説においては自明の真理であるが、社会権については必ずしもそうではない。私的な生活領域への大幅な権力の介入を予定せざるを得ないからである。いわんや平和への権利、相違権、環境権といった新しい第三世代の人権については法的裁可の可能性の問題もつけ加わって人権としてのコンセンサスの獲得は著しく困難である。そもそも次々に生まれてくる人間の利害・欲求・必要を権利として表象し万人の承認を求めること自体が人間中心の利己的な主観主義ではないのか。欲求を満足させるために、自らの理性によって自然を征服したはずの人間が今やエコロジカルな危機によって瀕死の状態に陥っているのではないか。むしろ自然のなかに客観的な規範を見出しそれに従うよう努力すべきではないのか。新しい人権の主張はかくして逆説的に人権否定の論説を生み出す契機にもなっている。

（「人権による自由な公的空間の形成」一九八六・一〇）

5　フランスにおける人権論の再生

人権論勃興の直接的な契機を求めるとすれば、第一にアンチ全体主義に対する人権論の射程距離をめぐって行われた七〇年代末からの雑誌『エスプリ』や『リーヴル』での論争をなにより も重視しなければならない。とくに「人権は政治か」というテーマに関して『エスプリ』誌によって組織された人権論争からルフォールの「人権と政治」（一九八〇年『リーヴル』第七号）、ゴーシェの「人権は政治ではない」（一九八〇年『論争』七・八号）、ティボーの「権利と政治」（一九八〇年『エスプリ』）といった刺激的な論文が生まれ、人権という観念あるいは人権を参照する論説の価値を高めるのに大いに貢献した。また一九八〇年七月に勃発したポーランド自主管理労組「連帯」の蜂起を強調しなければならない。東欧における人権侵害の国家体制に風穴を開けるものとしてフランスの左翼知識人に大いなる期待を与え、人権論をマルクス主義に代わるものとして提示する知的雰囲気を一気に醸成した。ティボーの「ポーランドの挑戦」（一九八一年『エスプリ』）、ポミアン「ポーランドの突破口」（一九八一年『自主管理』）などの論文がポーランドの経験の分析から生まれた。

しかし、一九八一年の一二月、ソ連の演出の下に軍事独裁政権が樹立され、社会主義ポーランドの民主的再生を目指す「連帯」の運動は圧殺され、その影響により人権論にも反省が迫られ人権は新たな政治をつくりだすには無力なのではないかといった否定的消極的な結論が引き出されはじめ、少し前までの人権論への過大評価が今度は過小評価へと逆転する。ただそれでも人権を資本主義的搾取の体制を守り隠蔽する形式的フィクションに過ぎないとして弾劾するようなステレオタイプ化した非難は姿を消し、人権のために論じることは価値があり、人権侵害には抗議しなければならないということが以後は一種の慣例となるほどのコンセンサスを獲得していく。

（同前論文）

＊フランス再生人権論の背景となる事件

（1）一九七二年—七八年　社会党・共産党による共同政府綱領成立
（2）一九七三年　ソルジェニチン『収容所群島』第一巻、パリで刊行
（3）一九七四年　大統領選で社共が政権に就くとソ連のようになると「自由の擁護」が争点となる
（4）一九八〇年　ワルシャワ条約機構軍ポーランドに侵入

（なおわが国では一九八四年・法哲学年報『権利論』、一九八七年『功利主義と法理論』、一九八九年『現代における〈個人・共同体・国家〉』が刊行されている）

6　一九八九年の前夜――欧米

＊一九八七年（昭和六二年）
四月　国鉄民営化により、ＪＲ六社に分割
＊一九八八年（昭和六三年）
三・四月　青函トンネル、瀬戸大橋開通

再三触れたように第二次大戦直後に西ドイツを中心に自然法論の再生が盛んに論議されたが、一九六〇年代の末から始まった実践哲学の復権のなかで今度は英米を中心に自然権論としての人権論の再生ないし正義論が主要な関心の的になってきている。ロールズの『正義論』（一九七一年）、ノージックの『アナーキズム・国家・ユートピア』（一九七四年）、ドゥオーキンの『権利論』（一九七七年）などがこの間の議論をリードしてきた代表的な作品であることは周知の通りであり、これからも人権論の出発点あるいは共通の土俵としての役割を果たし続けるであろう。ところで、ステルバという人の整理によれば近年の人権論は次のように対立する四つの正義論に基づくという。第一はノージックのような完全自由主義者の正義論であって、究極の政治的理念を消極的自由の確保に求め私的所有権の擁護と福祉権の否定を主張する。第二はロールズやドゥオーキンなどの福祉国家論者の正義論であって、公正さという理念に基づき基本的な福祉への権利を擁護する。第三はマクファーソンのような社会主義者のそれで、平等という価値理念に依拠して私的所有権の否定と自己発展への権利を主張する。第四はマッキンタイヤー、フィニスなどの卓越主義的正義の擁護者による正義論であって、人間性の開花という徳性を支持する共同善という理念を強調する立場である。ステルバはさらに消極的自由・公正・平等・共同善というそれぞれ対立する四つの正義論の理論的基礎にもかかわらず、実践的な提案のレベルでは対立の幾つかを解消することは可能であるというユニークな試みを行っている。ただしかし、ステルバによる整理は英米の論議を専ら対象にしたものであって、たとえばフランスでの人権論をも対象に入れてみると対立は一層複雑になってくる。すなわち、国家からの自由（自由権）よりもむしろ国家による自由（平等権や福祉権）あるいは国家への自由（市民権）を人権リストの中心におく共和主義的理念に基づいた人権論がそこでは展開されているのである。

これら様々の正義論・人権論の対立は今後とも容易に解消することはないであろう。というのも、それらは分裂と対立を孕みながらもなおかつ同じパラダイムを共有しうる細分化された一つの学問領域におけるものの見方・考え方の対立に止まるものではなく、自然科学や人間諸科学の結節点に位置する「人間」についての学問領域での根本的な不一致に関わっているからである。たとえば心理学の領域においては、生物学的心理学的存在（肉体的精神的存在）としての人間の自己実現に不可欠のミニマムの条件を人間の「必要」として理解し、その条件に対する権利を人間の権利として位置づけようとする「必要」に根拠をおいた人権論がある。しかし、人権の主体となる人間の「必要」の範囲をどう確定するかは「必要」の理論そのものの内部でも論議の余地がある問題である。仮に人間の「必要」を狭くとって人間の肉体的存在に限定したとすれば、衣食住という基礎的素材への権利、すなわち福祉権ないしは社会権を最も重要な人権として数え上げることになろう。しかし、それはそれで政治学の領域での論争に巻き込まれることへとつながっていく。つまり人権論を扱う規範的国家論としての政治哲学において、個人の自由への国家の介入を必然化する社会権の保障の是非あるいは可否は国家と社会の関係を自由主義的に理解する国家論を採るか、福祉国家論ないしは社会主義国家論を採るかにかかっているが、マクファーソンの言うように国家論とよばれるものの内で国家の大理論とも言いうるような品質をもった国家理論であれば「本質的に人間的な目的ならびに能力と想定されたものにまで遡って、人間の本性と考えられたものに国家を結びつけている」ものなのである。したがって、ここでもまた人間に遭遇しなければならない。国家論はまたそれと同時に「国家がその中にあって機能する社会の基本的性質を重視しなければならない」から、資本主義・社会主義という経済体制との関わりにおける国家の役割を説明しなければならないのであるが、そこでも資本主義社会が市場主義的人間を動因として予定しているようにそれぞれの経済体制がそのメカニズムの目的あるいは手段としての人間について一定の理念像を必ず伴っているのである。

以上の一例からだけでも解るように、心理学、政治学、経済学の重なり合う場面に人権の主体である「人間」が顔を出すのであり、しかもその顔が必ずしも同じでないところに問題の複雑さがある。そもそもが「人間」の定義に関わるような問題に正面からアプローチしようとすることこそ無謀な企てであって、まさにパンドラの箱を開けるようなものであるのかもしれない。フロムは「人間」の定義として、道具を作るホモ・ファーベル、知性をもつホモ・サピエンス、遊戯するホモ・ルーベンス、ノーと言うことのできるホモ・ネガンス、希望をもつホモ・エスペランスを主な例として挙げている。しかし、勿論、それに尽きるわけではなく人間はその他に政治的な動物（アリストテレス）、創造主たる神の被造物としての神の似像（キリスト教）、象徴を操る動物（カッシーラー）であったりする。あるいは、競争・不信・誇りを本性のなかにもった狼のような利己的人間（ホッブス）、自己愛が憐憫の情によって適度に抑制された自然的に善良な人間（ルソー）であったりもする。人間の定義のなかで、どれが「正しい」定義であろうか。それぞれの定義がそれなりに人間の重要な属性を捉えているのではなかろうか。

しかし、人間の定義がさらに「人間の本性」、「人間の本質」、「人間の実存」といった経験的手続きよって捉えることのできない形而上学の問題でもあるとすれば、人間の相貌はヤヌスであるどころか、まさに百面相であると言わなければならないほどの事態を呈することになるであろう。

（「人権論と人間論」一九八八・二）

＊アメリカにおける人権の歴史

（1）差別の時代——一七七六年独立宣言・一七七八年憲法から一八六八年「修正」第一四条まで（黒人奴隷を禁止する平等条項はなく、所有権の対象として売買される）

（2）形式的平等の時代——一八六八年から一九五四年ブラウン判決まで（一八七五年の公民権法によって鉄道・ホテル・レストラン・劇場などでの皮膚の色を理由とした不平等なサーヴィスの提供を罰則をもって禁止。しかし、一八九六年の連邦最高裁の判決によって「分離すれども平等」という形式論理によりアパルトヘイト的な場所による分離が合法となる）

（3）実質的平等の時代――一九七〇年代前後（アファーマティブ・アクション・積極的差別是正措置により黒人や女性等の平等への取り扱いが進む）

（4）逆差別批判の時代――一九九〇年代（白人男性による不平等との批判高まる）

7　一九八九年の前夜――日本

最近「キー・ワード」という言葉がよく用いられている。その頻用を通じてある時代の特徴を知りうる語であるから、流行語、世相語、「時の言葉」などと多少重なるところもある。また、複雑な現代社会を読み解くためにある一断面を切り取り、それを通じて全体を解明していく際のアカデミックなキー概念的意味でも用いられる。いずれにしろ「重要な」という形容詞がつく言葉ないし現象を射す用語であることはいうまでもなかろう。

では、人権というワードは現代の日本社会あるいは現代日本の社会思想を読解するキー・ワードの一つであろうか。頻用されているという点ではキー・ワードとしての資格をもっていそうである。というのも「人権のインフレーション」といった表現がかなり皮肉を込めて使われているからである。人権というワードがそうだとすれば、関連するワード、たとえば人権を基礎づけるヒューマニズム、人権をよりよく保障する政治体制である民主主義、人権の具体的内容である自由と平等といったワードもキー・ワードであると言えよう。ただ、最近は次の文章にみられるように多分にマイナス的な意味を込めて用いられる傾向があるように思われる。

「『人間は生まれながらにして不平等である』というのが正しい。身長、腕力、美貌、知力、環境その他ありとあらゆる面で、人間は不平等のなかにこそ生まれてくる。……『人間は生まれながらにして平等である』と思い込めば、……多数決によって抑圧された少数派は、自分らが不平等を強制されているという不満を抱くようになる。不満をもつこと自体はかまわないが、民主主義（多数決）に逆らうために民主主義（平等）が利用されるとなれば、民主主義が空語となってしまう。空語といえば、人権なる言葉も相当に空々しい。ほとんど誰しも生存したいと欲求するし、幸せに生きたいと願望する。しかし、『幸せに生きる権利』とはいったい何のことなのか。民主主義の雄叫びあるいは雌叫びのうちには、こうした類いの権利要求があきらかに含まれている。そこには、自己の欲望を権利とみなすエゴセントリズムがみられる。……人権なる空語がこうまで流行したのは、たぶん、正しさの根拠が神でも自然でもなく人間自身のうちにあるとする人間主義が作用したせいであろう。実際、人権論と込みになった民主主義論を唱える人々はヒューマニズムという言葉を好むようである。ライト（権利）とは『正しい』ということなのだが、正しさの基準が人間自身のうちにあるとされれば、それすなわちヒューマン・ライト、つまり人権である。そして人間自身とは何かとなれば、欲望の塊であり欲望の流れでしかない。欲望の際限のない追求、それは放縦としての自由であり、民主主義は人権をつうじてこうした放縦の自由とふかく結びついている」（西部邁「『人間は平等』を振り回す大錯覚」新潮四五、一九八七年一二月）。

念のため付け加えておけば、たとえばルソーは『人間不平等起源論』の初めで、年齢や体力、健康状態等の肉体的精神的な不平等と命令する者と服従する者との政治的社会的不平等とを区別し、その上で前者が後者の正当化のために利用されないよう両者の緊密な関係性に疑義を呈している。なお、土地所有の不平等から権力所有の不平等へと至る経緯を告発するのが後半の問題意識である。

とはいえ、平等と同一視、自由と放縦、権利と欲望、民主主義と多数者の専制、ヒューマニズムと人類エゴイズムといった対比において、前者と後者とを混同することによって前者から後者へと堕落する危険性を否定することはできないであろう。良かれ悪しかれ中間的存在者たる人間は善も悪もなし得る自由な存在だからである。『エデンの園』があれば『失楽園』もあり得る。しかし、『失楽園』があれば『復楽園』もあり得るのである。重要なことは堕落した現実を根拠に理念をも否定し去ることではなく、両者の違いをあきらかにすることである。現に、人権についてはすでに一〇数年にわたって『権利を真剣に捉える』(ドゥオーキン、一九七七年)努力が払われ、国家・社会・集団から個人の自由を守る切り札として、平等という社会正義を実現する手段として、あるいは全体主義に代わる民主主義の核心として人権を再活性化させる人権論への復帰が大きなうねりを見せている。とりわけ一九八八年は『世界人権宣言』が採択されて四〇周年に当たる年であり、さらに一九八九年はフランス革命の二〇〇周年を迎える年である。この重要な節目を契機に人権論の更なる盛況が期待されているところである。

（「法的ヒューマニズムと人権」一九八八・一〇）

8 昭和天皇の崩御と一九八九年

＊一九八九年（平成元年）
一月　昭和天皇逝去
二月　消費税、三％徴収
五月　中国、天安門事件
一一月　ベルリンの壁、破壊はじまる

一九八八年の日本列島は天皇の快癒を祈願する記帳の列と歌舞音曲や祭・運動会をはじめとする日常生活の節々の催しさえも延期ないし中止にするいわゆる自粛ムードのなかで暮れ、翌一九八九年には一月早々にして天皇崩御の悲報に接し、列島全体は再び凛とした雰囲気につつまれ、新天皇の即位・元号の変更・昭和天皇の葬儀と王朝時代風の行事が公私の区別も曖昧なまま次々と繰り広げられていった。しかし、どんな悲しみの秋にあってもいつか冬は去り、春は来る。日本列島も例外ではない。しかもいっそう華やかに着飾って。というのも、一転してフランス革命二〇〇周年を迎えるパリ祭への熱狂が国際国家の名にし負うジパング島を席巻したからである。あの革命の最中に国王ルイ一六世が断頭台の露と消えたというのに。三色旗を真似た青、赤、白のハンカチや雨傘といった「パリ祭グッズ」が、またフランスへの海外旅行が人気を博する。泣いたカラスがもう笑う。舞台は君主制から共和制へと一変したのだ。それにしても、こうした革命的変化を何事もなく受容する大乗的な精神的風土を、あるいはキリスト教ぬきのクリスマスと同様の主権原理ぬきの政治風土をどう理解したらよいのだろうか。主役が違うのか。それともヤヌスとしてのデモスなのか。マスコミの扇動か。政府の見えざる手か。金余り国家のせいか。それらの合成の結果か。

ところで、国家と市民社会とが複雑に入り組んだ現代社会においては、規定的諸要因やそれらの関係を探り出すことは何事についてであれむつかしい。しかし、それにもかかわらず、あるいはそうであるが故に現代的事象の解明においては想定される規定的諸要因を可能な限り抽出し、それらの関係を図式化してみる試みが必要であると思われる。ここでは以下のような三種の図式を取り出してみた。

まず、（一）資本主義と社会主義という二項対立が依然として必要な図式であるということは否定しえないところであろう。次に、（二）人権を認めない全体主義と人権を認める民主主義との対比も前者に劣らず重要であろう。資本主義と全体主義が結びつけばナチス・ドイツや天皇制絶対主義の日本のようなファシズム国家が生まれ、社会主義と全体主義が結びつくとスターリン主義に汚染された類いの官僚主義的社会主義国家が生まれる。最後は(三)国家への参加権としての市民権を中心にした人権体系をもつ民主主義と市民社会の成員の権利としての人権を中心にした人権体系をもつ自由主義、という図式である。ここでも資本主義が全体主義に陥らないで自由主義と結びつくならばサッチャーやレーガンが推進した新保守主義の政治路線が生じる。他方、もしスターリン主義を精算しようとするソ連でのペレストロイカの実験やポーランド、ハンガリーでの複数政党制の試みが成功したり、あるいは他の国々での多様な社会主義への道が民主主義を経由して行われるならば、社会主義と民主主義とが結びついた民主主義的な社会主義がこの地上に初めて出現することになるだろう。以上のような三つの図式とそれらの相互関係とを現代における重要な規定的諸要因とそれらの関係の現れとして考えているところである。

(「国家、市民社会と人権」一九八九・一一)

9 社会主義圏での動乱（一）

＊一九九〇年（平成二年）
八月　湾岸戦争はじまる
一〇月　東西ドイツ統一

本書に収めた諸論文は、ここ一〇年の間に筆者が書きためたものである。モチーフになっているのは今世紀最大の課題の一つといわれる「社会主義と自由」である。いうまでもなくその背後には「現存社会主義と不自由」という問題がある。そしていま、ソ連・東欧の社会主義諸国が経済、民族、一党独裁の問題、とりわけ人権と民主主義の問題をめぐって激しく揺れ動き、フランス革命二〇〇周年を迎えて「市民革命」の成果をはじめて獲得しつつある。マルクス主義はこれまで人権をもっぱら資本主義社会での現実的機能に即して捉え、理念的・価値的側面を無視ないし軽視してきた。それが激動の重要な要因の一つと思われる。

（『人権の創出』の前書きの一部、一九九〇・三）

＊ソ連崩壊、朝日新聞の「社説」

「科学的社会主義という名のもとの『真理の独占体制』に終止符が打たれた。いかなる批判も許さず、強大な軍と国家保安委員会などで物理的に守護されてきたソ連共産党が解体にまで追い込まれた。……七十年余りに及んだソ連でのいわば壮大な実験が、経済と社会の混乱の中で終わることになった大きな理由の一つは、一切の批判を許さなかった共産党の硬直性にあったと思う。……中国など、共産党が政権を握る国は残るが、資本主義と共産主義という対立概念で世界を図式化する時代は終わった。だが、何が新しい思考の枠組みとなり得るか。西側社会も、敵対する共産体制への批判で自己の正当性を主張するだけではすまなくなる」(『崩壊した「真理」の独占』と題した社説の一部、朝日新聞一九九一年八月二六日付)

10 社会主義圏での動乱（二）

＊一九九一年（平成三年）
七月　ワルシャワ条約機構解体
一二月　ソ連邦解体

一九七〇年代の後半から八〇年代にかけて人間の解放や自由の実現を目指す「大きな物語」の終焉という物語が現代思想の最先端の動向として語られ始めてきたが、それはとりわけフランスにおいてはマルクス主義の権威の失墜として現象した。レジスタンスの栄光を担って華々しい影響力を行使してきたフランス共産党とそれを取り巻く多くの知識人がソ連型の社会主義を無批判に支持してきただけに、七〇年代の後半に至ってソ連がノーメンクラツーラの支配された陰鬱な強制収容所の存在する独裁国家であることが明らかになるに及んで自己崩壊を遂げざるを得なかったのである。そしてソ連以外の「現存する社会主義国」の実相も労働者階級の権力による人間の解放であるどころか、権力を独占した全能の特権階層による人間の搾取と抑圧であるということが次第に明らかになるにつれて、社会主義対資本主義という従来の対抗図式に代わって全体主義対民主主義がむしろ重要な対抗図式として用いられるようになってきた。「まさに社会主義ということばは、全体主義ということばとオーバーラップして、その裏側に消えてしまった」（モラン『ヨーロッパを考える』）のである。いまや形式的民主主義は資本主義的搾取やブルジョア支配のカムフラージュではなくなり、「真の民主主義」となった。そして民主主義を人権を承認した社会体制として捉えるとすれば、当然、民主主義の復権はそのまま人権の復権と同義となり、人権を承認し実効できるか否かが社会体制の正当性をめぐる判断基準となったのである。ここで奇しくも一六八九年の権利章典、一七八九年の人権宣言に符節を合わせたかのようにちょうど一九八九年に勃発したソ連・東欧のあの「市民革命」と呼ばれた激動に思いを致さない者はいないであろう。資本主義に復帰するのか新しい社会主義に生まれ変わるのかその帰趨は未だ定かではないが、民主主義への本流を塞き止めることはもはやいかなる力をもってしても不可能ではないかと思われる。しかし、民主主義にも市民社会の成員の自由権を中心にした人権体系をもつリベラルな民主主義と国家への参加権としての市民権を中心にした人権体系をもつソシアルな民主主義とが考えられる。民主主義が従来の社会主義にとって代わる程の重要な理念であるにしても、いずれの民主主義が支配的となるかが今後の課題となるであろう。

（「ルフォールにおける『諸関係の自由』としての人権」一九九一・一二）

11 人権への批判的論調の胎動

＊一九九二年（平成四年）
二月　欧州連合（ＥＵ）条約調印（一九九三年一一月発効）
八月　ＰＫＯ協力法施行
一〇月　佐川急便事件発覚

今日、各人が人間として「人間らしい生活」を送ることのできるような社会が善い社会であること、人間らしい生活とは「自由で豊かな生活」であること、そのためには万人の「自律と連帯」が必要であること、一口で言えばすべての人々、なかでも少数派や社会的弱者と呼ばれる人々に人権が実効的に保障されていること等について一般論としてはほぼ異論はないであろう。一九八九年秋からのソ連・東欧での動向が何よりもいい証拠である。人権を私的エゴイズムの権利として無視し、透明な同質性の社会の実現を目指して「余分な人間」をグラーグやコンクリートの壁で排除した国家主義的社会主義は「思想および意見の自由な伝達」（一七八九年の「人および市民の権利宣言」第一一条）という人権を行使して結成された様々な市民団体の抗議によって瓦礫と化してしまった。あれほど非人間的な体制がほとんど無血革命とも名付けられるような人間的な方法によって潰え去ったのである。社会主義の祖国と仰がれていたソ連も一九九一年についに解体し七四年の歴史を閉じてしまった。相対的に資本主義体制の美点や利点が喧しく宣伝されているが、比較の相手を失ってしまえば後は自身が絶対評価の対象になってしまい、その存在理由と正当性を厳しく追及されざるを得なくなるであろう。人権あるいはその道徳的根拠としての「人間の尊厳」を傷つけるような体制は資本主義であれ社会主義であれ、自由主義であれ全体主義であれ永続し得るものでないことが明白になったといえよう。まこと「二〇世紀後半を、『人権』という観点に立ってみれば、犯されてきた人権侵害に対する告発の時代であり、各民族、各個人の人権が等しく保障されることをもって普遍的価値として認め合う、そのような新しい社会の形成をめざす過程の半世紀とみなすこともできる」（笹本駿二ほか『ヨーロッパの地殻変動をかたる』）のである。

しかし、他方、古典的となったバークやベンサム等の批判は別にして、人権に対する不信や批判はなお根強い。人権は西洋中心主義による周縁諸国への文化帝国主義であるとの第三世界（論）からの批判、男性中心主義による女性の排除あるいは普遍的平等主義による性差の排除であるというフェミニズムからの批判、人間中心主義の価値観によって動物の殺戮や自然破壊に狂奔する人類エゴイズムあるいは有限な資源の世界のなかで次々と生まれる無限の欲求を満たそうとする消費中心主義とのアンチ・ヒューマニズムないしエコロジーからの批判等々である。人権に対するこうした批判は果たして的を射ているであろうか。おそらく批判の多くは人権が現実に果たしてきた歴史的事実、実態的側面に焦点をおいてその負の面を突いているのであろう。たしかに女性は参政権などの人権から長い間排除されてきたのであり、性別にもとづく役割分業によって画餅に帰した人権も少なくない。性差以外の差別問題についてもほぼ同じことが言える。その意味では批判は当たっている。しかし別の意味では当たっていない。すなわち、人権が正面から差別ないしは排除の正当化根拠として用いられたであろうか。むしろ人権が貫徹されなかったからこそ差別や排除が行われたのではないのか。人権を批判する前に人権の理念的側面をもう一度検討してみる必要があると思う。人権が前提にしている人間の平等はもともと間違っているのかどうか。すべての人に自由を認めるのはおかしいのかどうか、等々を。あるいは人権などはすでにステロタイプ化した時代錯誤の観念にすぎないのか。それよりも何よりも人権を批判する論説が堂々と行われ得るのはいかなる力によってなのか、を真剣に探求する必要があるのではないか。

（「人権の意味すること」一九九二・九）

12

人権論の民主主義的構成——自律的社会主義に向けて

最初に、表題の意味を説明しつつ結論を述べておきたい。第一に、民主主義の概念を主権の所在に限定するのではなく市民社会の場にまで拡張すること。第二に、言うまでもないが市民社会には純粋の私事に属する領域の外に多くの人々に共通に関係する公共性の領域があり、そこへの人々の平等な参加が必要であること。第三に、市民の平等な参加を市民社会的民主主義と名付け、その制度的枠組みを人権をもって形成すること、を問題意識としている。なお、サブ・タイトルに関してはソ連型の社会主義に代わるものとして民主主義的社会主義・人間的社会主義・自由主義的社会主義・多元的社会主義・エコ社会主義といったさまざまの社会主義像が提起されているが、自律的市民によって形成される社会主義という当然の事柄にあえて命名することによって原点を甦らそうとしたものにすぎない。

（学会報告の要旨、『法の科学』一九九二）

13 人権の主体である人間像について

＊一九九三年（平成五年）
六月　皇太子結婚
八月　非自民六党連立細川内閣発足

先進資本主義国における少数民族や社会的経済的弱者に対する積極的な差別是正措置の漸進と同時にそれに相反する福祉国家の見直しと民営化路線の進行、かつて存在したないしは現に存在する社会主義国での政治・経済体制の改革を求める異端者への弾圧、後進国での軍事政権によるいわゆる開発独裁と飢餓の蔓延、そしてわが国での経済大国化による「豊かな社会」の実現と「カローシ」という国際的に通用する言葉の出現等々、あれやこれやの事情を背景に人権（論）への関心がここ二、三〇年高まっていることは周知のところである。そして、政治哲学・法哲学・倫理学などの分野において人権と功利主義、社会主義と自由、国民主権と人権の関係についてのアメリカ・トックヴィル型とフランス・ジャコバン型、諸々の人権間の調整など細かなレベルにまで入って詳細な議論が展開されていることもまた周知のところであろう。

ただそうした趨勢にもかかわらず、未だに解せないことが幾つかある。ここでは取り敢えずその一つをピック・アップしてみたのであるが、解せないその一つの問題の理由とは次のようなことである。

人権とは言うまでもなく「人間の権利」の略称であるが、人間が人間であるということだけで人権と称される一定の権利をもつためには、人間であるということがそのことだけで何らかの価値をもっているということを意味している筈である。しかも、その際、人間であるということは個々人が現実に帯びている特殊な諸規定をすべて捨象したところに初めて現れるものである。すなわち、何らかの指標で人間以外の動物と比べられるだけの未規定の抽象的存在であり、フランスの哲学者であるフェリーの簡潔な定式を借用すれば「人権への準拠は人間の抽象的本質の価値化を意味している」ということである。そこで問題が提起されよう。前述のような背景で人権論の盛況がグローバルにみられるが、一方「人間の抽象的本質」、これに類似の「抽象的人間」、「人間なるもの」、「人間一般」、「人間の本性」、「人間の本質」、端的に「人間」といった概念は実体よりも関係性を重視する現代思想によって陳腐な時代遅れのものとして甚だ評判の悪い代物になっている。その影響なのか、人権論の盛況の割に「人間」概念への立ち入った検討がほとんどなされていない。現代思想はポスト・モダンであることを自己の存立根拠にしているので、人間なるものを尊重する類いの近代の抽象的ヒューマニズムなどは論外なのであろうが、かといって人権に代わる別のシンボルを生み出しているようにも思われない。それならば、一見古くさく見える「人間」をもう一度真剣に捉え直すという迂回路をとって、人権論により強固な基礎を与えるよう試みる必要があるのではないだろうか。結論は異なるが、少なくとも抽象的な「人間」概念を検討しているという意味で、構造主義、歴史主義、古代自然法論の再生に抗して近代の抽象的ヒューマニズムの立場を修正しつつ「人間」を法的価値の源泉とする法的ヒューマニズムの人権論の確立を追求しているフェリーに共感せざるを得ないのである。

ところで、人権が人間が人間であるということだけによって、すなわち牛や馬あるいは犬や猫等としてではなく人間として誕生したという生物学的事実のみによって有する一定種類の権利のことであるとすれば、宮沢俊義氏の言うように「『人間性』から論理必然的に生じる権利」ということになる。この人権の定義についてはおそらく異論はないであろう。異論があり得るとすれば、「論理必然的」をどのように解するかという点にあり、その解し方によって「人間」概念の評価が大きく違ってくるのである。

まず第一に、人間の労働力をも商品となり得るような資本主義の経済法則の次元にまで下降し、資本家・労働者・地主・農民等が「人間」一般として捉えられていくその「論理必然的」なプロセスを非神秘化の作業・イデオロギー分析として行い、「人間」の背後にある階級という現実を摘出する方向での解読がある。最近では、階級以外の人種や性・年齢・精神身体の状況などの各人・各集団がそれぞれに有する差異を「人間」一般のなかに解消されないよう差異に固執する方向もみられる（マルクス主義やポスト・モダン思想）。

第二に、新カント派等の方法にみられるように、人間であるという生物学的「事実」から人間の「優越的価値」を引き出すような自然主義的誤謬を回避して、人間でありさえすれば何人によっても手段としてではなく目的として取り扱われるべきことを要請する超越的理念（「人間の尊厳」）に照らして「論理必然的」に人間としての権利をもつべきだというふうに理念の次元に上昇して「人間」概念を積極的に評価する方法もある。

第三は、「人権宣言」という形態で人間が人権を有するという「自己宣言」をしたという歴史的事実として、あるいは「人間は自由なものとして、あるいは不自由なものとして生まれたのではない……平等なものとして、あるいは不平等なものとして生まれたのではない……われわれが自由で平等であるようにわれわれ自身が求めているのである」というように歴史的な事実として確認される創造的行為に求める読解である（ルフォール、カストリアーディス）。なお、真反対の方向で王政復古＝身分制の再確立を目指すプレ・モダン思想（メーストル）も決して消滅したわけでないことにも留意しておきたい。

（「いわゆる『抽象的人間像』について」一九九三・五）

14 ポスト・モダン思想と法律学

＊一九九四年（平成六年）
六月　自民・社会党の連立により村山内閣発足
九月　関西国際空港開港

数年前、長尾龍一氏は日本における「現代の思想的状況」に関して近代的知性を批判する〈ポスト・モダン〉とよばれる諸傾向が思想や哲学の世界に渦巻いている割には、法哲学界では〈モダン〉が依然健全であるとの感想を述べられ、その理由を次のように指摘しておられる。一つは法というものが一部の知識人の流行によって気軽に変動するようなものではないこと、もう一つは宗教改革と一七・一八世紀哲学の精神の産物である民主主義が西側世界において健在であり、憲法やその精神的基盤を流行だからといって気軽に捨て去るわけにはいかないこと、の二点である。しかし、そうした思想的状況も少し変わり始めているのではないかと推測される。たとえば、これは憲法学に属するものではあるが、岩波講座『社会科学の方法』（広告によれば本講座の企画の趣旨は、二〇世紀の歴史的現実と苦闘して形成された社会科学の現在を検証し、併せて二一世紀を構想するための新しい社会科学を模索して混迷する現代世界への処方箋を提案する、ところにある）に掲載されている松井茂記「国民主権原理と憲法学」は戦後日本の憲法学のパラダイムの特異性を追求し、それの批判＝脱構築としての「ポスト・モダンの憲法学？」あるいは一つの代替的なパラダイムとして共和主義に立脚する憲法学の可能性を提起している。また、石川健治「自分のことは自分で決める―国家・社会・個人―」は、〈実体概念から関係概念への視座の移行〉というポスト・モダンの文脈でよく用いられる対比を人権論にも応用し、「孤立した個人を」実体化する思考に依拠する人権理解」に対して「人間同士の相互作用に着目する人権理解」を対置している。こうした理論動向はまだ緒についたばかりで新しい成果の可能性を予測することは不可能であるが、立憲主義や国民主権、人権などの理解において従来とは違った読解の地平を切り開きうるものと期待させる。もとより筆者はポスト・モダンといわれる思想潮流に与しているわけではない。ただ以下述べるように、わが国の人権論の展開においては専ら人権の主体――個人であれ集団であれ――とその要求に関心が払われ、人権の諸主体間で形成される公的な意味空間がそれに相応しい程の重要性を与えられてきていないのではないかとの疑念をもっており、そこに一部分共通するものを見出しているのである。

（「人権、もう一つの読解」一九九四）

15 冷戦終結後、新たな社会理論の諸潮流

＊一九九五年（平成七年）
一月　阪神淡路大震災発生、死者六四三二人、家屋全壊一一万七千戸
三月　オウムによる地下鉄サリン事件、死者一一人、重軽傷者五五〇〇人以上
九月　沖縄での米兵による少女暴行事件（九月八万五千人の抗議大集会）
＊一九九六年（平成八年）
一月　橋本内閣発足、社会党は社会民主党に改称
九月　民主党結成
一〇月　初の小選挙区比例代表並立制選挙実施

いわゆる西側世界において、六〇年代の規範哲学の復権、七〇・八〇年代の人権論の再生、そして九〇年代に入ると公共圏とか公的空間の形成といった言説への関心もみられ、そうした系譜を踏まえて市場・伝統・合意といった慣例的なあるいは新たな政治的意義を付与されたタームを用いて「もう一つの新しい」（主としてポスト・モダンないしポスト・マルクス主義の影響

を受けた意味合いの下で）社会理論の再構築が試みられてきている。また並行して、より正確にはそれらと相互に影響を与え合いつつであろうが、旧ソ連・東欧の諸国においてもほぼ同じ頃から全体主義的な国家体制を粉砕するための「市民社会論の再生」という理論的試みがなされてきつつある。その結果、政治哲学の領域ではリバータリアニズム（自由尊重主義）、コミュニタリアニズム（共同体主義）、リベラル・デモクラシー（自由民主主義）、ラディカル・デモクラシー（急進的ないし根源的民主主義）、クリティカル・セオリー（批判理論）等々の諸潮流が生み出されてきている。今日もなおその営為は間断なく続けられているが、他方、この間、破産あるいは流行遅れとして批判ないし無視されてきたマルクス主義の潮流では「共産主義の崩壊」という未曾有の歴史的事実を前にして、先の諸潮流に合流してネオ・マルクス主義を名乗るかマルクス主義とは全く違ったものになるかのいずれかの立場を別にすれば、消滅した社会主義国家は社会主義を名乗ってはいたものの本来の社会主義の理念に反した国家の崩壊にすぎないと消極的に対応するだけで——長期的には、資本主義から社会主義へという「歴史法則」の方が見かけの「市場原理」の勝利を圧倒するというインプリケーションを示唆するだけで——大半は未だ説得力のある有効な反論を提示していないように見える。ただ、資本主義の市場原理として高い評価を受けつつある選択の自由も、その裏側では利潤の最大化、競争、搾取を市場の命令として労働関係だけでなく他の社会関係にも推し及ぼす傾向があり、至る所で不平等の再生産が行われることを避けられていない。その点で平等の理念の実現を目指す社会主義はどのような理論的形態を取るにしろ甦るだけの潜在力を秘めているであろうし、あらゆる問題が終極的に解決されたという意味での〈歴史の終焉〉なるものが尤もらしく見えるのもそう長くは続かないであろう。

ところで、筆者は市民社会論と人権論とを縦軸と横軸にして一応ラディカル・デモクラシーに分類されるようなことをこれまで考えてきたが、資本主義 vs. 社会主義という対抗図式は一九六〇年代以降後景に退いたという判断の下に、経済体制の問題は取り敢えず捨象してきた。しかし、資本主義社会は搾取と支配を内包する経済関係が経済外的な力（国家・権力）なしに自律的に展開する社会であり、その意味でヘーゲルやマルクスが市民社会を経済的次元によって特徴づけ、ブルジョア社会と名付けたのも歴史的に十分根拠のあることであり、また生産と交換という経済関係の行われるその場が、法的関係としては商品に対する所有権、交換される商品の等価性としての所有者の平等権、商品交換をおこなう契約当事者の自由権といった自然権ないし人権の概念で表象されてきたことも確かに否定しえない事実である。したがって、今日の時点で再び「市民社会」や「人権」といった概念をキーにして用いようと試みるかぎり、これらの概念がかつて含意していた資本と賃労働の関係を中心とする経済関係を捨象したままにしておくことは許されないであろう。換言すれば「再生市民社会論」が内包するかもしれない社会主義の放棄と資本主義の受容という疑問を根本的に検討する必要があると思う。現に、出版以来多大な論議を呼び起こしてきたロールズの『正義論』もフランス語版においては「財産所有の民主主義」あるいは「リベラルな社会主義政体」という問題を提起し、経済の問題を据え始めているようなのである。

（「市民社会、人権と資本主義」一九九六・五）

＊「市民社会論」の再生

再生の直接の契機は東ヨーロッパ社会主義圏での権威主義国家に反対する闘争のなかから生まれた「自由主義化」を求めてのスローガンであったが、次第に発達した資本主義国においても一層の「民主主義化」を追求する際の必要な概念になっていった。核心にある含意は第一にヘーゲルのような国家・マルクスのような経済を中心に発想するのではなく、国家や経済から分離された領域の重要性を強調すること。第二にコミュニケーションや自発的結社、それらから展開される新しい社会運動への関心。第三に個人の自律と個人相互間の諸関係の自由を保障する人権の潜力に注目する。一口でいえば、「非国家的・非経済的な公的空間」を中心的な制度にしていこうとする試みである。

16 ラディカルな人権論の社会変革への潜在力

人権の重要性については、『世界人権宣言』（一九四八年）以降、国際レベルにおいてもかなり幅広いコンセンサスができ上がっており、最近では来たる二一世紀はまさに『人権の世紀』と言われる程になっている。ただしかし、それは人権一般についてそう言えるだけであって、ではいかなる人権がどの程度に、あるいは人権と称される権利のなかでいかなる権利がより重要なのか、といった次の細部のレベルにおいては直ちに意見の分岐を見ることになるであろう。たとえば自由権を人権の中核と考える立場は、社会権をもって自由権、なかんずく所有の自由権を侵害するもの、新しい人権の要求は人権のインフレーションを引き起こす元凶という判断を容易に下すであろう。しかし自由権を専ら個人の尊厳を守る切り札と考える人々の間でも、国家による強制力「からの自由」を重く見る人と、それだけでなく資本の経済的権力や多数者の専制的な社会的権力「からの自由」も含めて考える人々とに分かれるであろう。そして経済的権力「からの自由」を重視する人々は国家によるあるいは社会権「による自由」を強調する立場にむしろ近いかもしれない。しかし、社会権を人権の中心に考える立場は自由権を対経済的権力との関係で形式的自由に過ぎないものと見做し不平等の起源をそこに見出して、新しい人権の生成によって次々と補強されなければならないと考えるであろう。要するに、人権という一枚岩的な権利が客観的に存在するわけではないと考えるべきであろう。人権がいかなる言説（Discours）のなかで正当化されるかによって、人権の有り様も変わってくる。マルクスの有名なフレーズを逆に捩って言えば、「意識が存在を規定する」と言えなくもないのである。人権については様々な考えがある、したがって様々な人権が存在する。これは極めて常識的な結論に思えるはずである。しかし、現実にはなぜかそうではない。人権が言説上の存在ではなくあたかも客観的・歴史的に固定した存在であるかのように特定の時代にたまたま支配的であった人権論によって弁証されたある種の人権が人権の原型として捉えられ、搾取の隠蔽、文化的帝国主義、白人男性による女性支配の道具とかいった極めて挑発的・断定的な結論がしばしば引き出され、人権の過小評価に寄与してきたし、現在もその傾向が完全に払拭されたとは言い切れない。それだけに、クリスチャン・ベイの次のような指摘は万鈞の重みをもつ。「人権という言葉が、米仏の革命、およびその帰結としての新旧二国における自由主義体制と密接な関係をもっていることには歴史的に確固たる理由がある。しかし、私の考えでは、まさにこの歴史的関連によって、人権の概念は貧困なものになってしまったのである。そのため、人権概念の哲学的・政治的基礎を拡げることが現在の課題となっている」（「『新しい世界人権秩序』―自由主義を超えて」）。

筆者も、ブルジョア革命と人権宣言との単純な共時的生起を根拠とする人権の所有的個人主義解釈、あるいはそれに類似した批判的解釈に尽きるかのような人権論、逆に人権のインフレーションを引き起こすようなニーズがあれば何でも即人権として認めようとする類いの人権という用語のアッピール度に依拠した人権の金科玉条的解釈にも批判的スタンスを取ってきたつもりである。にもかかわらず、今一つ人権を重要視するに当たって気になるのは、人権を個人の砦としてしか考えず、政治的射程をほとんど考慮に入れない人権論が依然支配的であるように思わざるを得ない点である。人権を尊重するかどうかは政治体制の善し悪しを測る量的な程度の問題（資本主義対社会主義という対抗図式の下でいずれがより「人間の顔」をした社会か、あるいはいずれが人権をより多くより確実に保障しうる体制か、を決する問題）である以上に、人為ではどうしようもない超越的規範を拒否した未規定社会を可能にする自律的社会か、自然法・伝統・慣例・歴史法則といった超越的規範によって閉じられた他律的社会かという社会体制の質に関わる問題の筈である。そして、実は八〇年代にフランスの政治哲学の内部で人権論が再生した際に、論議の的の一つになったのがこの点である。すなわち、人権を称揚することはすでに人権が享受されている西側世界を美化することにならないのか、それとも確立されてきた人権を新たな人権要求を通じて問い直し続けていく、換言すれば確立した秩序という意味での社会を人権によって審議に付され続けるその可能性を開いたと考えるのか、という問題である。

ロックやルソーの自然権論が当時の絶対主義をトータルに変革する権利論であったように、今日の人権論も資本主義や旧来型の社会主義を変革する理論でもあり得るのかどうか、その試練に晒されているのである。

（「ラディカルな人権論とその社会変革への潜在力」一九九六・一一）

17 衝突する「人間」と「市民」・「国民」・「階級」等

＊一九九七年（平成九年）
四月　消費税、五％に
九月　日米防衛協力のための指針（新ガイドライン）合意
一一月　北海道拓殖銀行破綻（一一月山一証券破綻）
一二月　京都議定書採択

一九八九年を境とする旧ソ連・東欧の自己崩壊を目の当たりにするに及んで、人権や民主主義の前進による個々人の自由なイニシャティヴの重要性が改めてより鮮明に認識できるようになった。以来、しばしば「市民革命」とか「市民社会の復権」といったフレーズが飛び交ったが、ときにはリベラル・デモクラシーで「歴史は終焉する」といったセンセーショナルな結論が引き出されたことも記憶に新しいところである。あれから数年が経過し、二〇世紀もあと僅かに残すのみとなった今日では、二一世紀は「人権の世紀」であると期待を込めて言われるまでになった。しかも、あまり違和感ももたれず、すんなり受容されている様子である。もちろん誰にとっても異議などなく、喜んで歓迎されているところであろう。お互いが狼として戦々恐々と対峙するよりも、人間中心主義といった批判を受けるおそれがあるにしろ、「尊厳」をもった者同志として尊重し合うにこしたことはない。ただし、次のような重大な留保を付けた上でのことである。どんな概念もそうであるように、人権や民主主義という概念にもそれ固有の論理がある、という自明の理と思われる留保である。人権や民主主義を尊重するといった場合、それらを真剣に取り上げるとすれば、それ固有の論理に沿って尊重しなければならない。たとえば、人権を「人間の権利」と解した場合、人権論を展開する際には終始、「人間」の論理を押し通さなければならない、ということを意味する。「抽象的人間」の箇所（13参照）で触れたように、人権の主体である「人間」とは五感で捉えられた具体的人間が備えているあらゆる規定性――たとえば、人種・民族・国籍・社会的身分・性別・所有する資産・信条等々――、つまり時間的・空間的に規定された性質をすべて捨象した残余を意味する（faire abstraction de qc. このフランス語にあるように、「抽象」とは「捨象」することを意味する）。果たしてその論理を最後まで一貫させることができるであろうか。いつかは必ず「国民」や「市民」、「階級」の論理と抵触することは避けられないであろう。実際、アーレントなどはナチス支配下においては、結局、人権は「国籍をもった国民の権利」に過ぎなかったと批判している。「国民」の論理が最終的には「人間」の論理に優先したという厳しい批判である。また、「外国人の人権」という言い方があるが、厳密に言えばこれも矛盾した言い方ではないのか。

民主主義についても同様である。最も単純に多数決制という手続き的なものとして解した場合でも、そこには一人一票という価値的な前提がある。したがって、あらゆる規定性に基づく差異を捨象して人間一般を等価値とする原理を設定しなければならない筈だが、ではなぜ人間は等価値なのかがまず問われることになろう。人間の身分に基づく階層制を否定したり、性別あるいは資産の多寡といった差異を問わない論拠は何なのであろうか。そこでも、何らかの基準での差異を前提にする「国民」や「市民」、「階級」といった諸々の概念との衝突ないし整合性が問題となろう。また、それは規定性を捨象された未規定の人間が自らの可能な限りの各人の自律を尊重することを論理的に要請することになろう。そうすれば究極のところで現行の「代表」や「支配」等の論理とも衝突する可能性があるに違いない。

（「人間と社会の未規定性：人権と民主主義の前提」一九九七・五）

18 人権の再読

＊一九九八年（平成一〇年）
三月　ＮＰＯ（非営利法人）法成立
八月　北朝鮮、弾道ミサイルを発射

今さら強調する必要はないかもしれないが、一九八九年から一九九一年にかけてのソ連・東欧におけるいわゆる「市民革命」の成功の結果、「市民社会」や「人権」といった概念が政治的言説において中心的な地位を占めるようになり、自由と民主主義をめぐる闘争において非常に有効な武器の一つであることを明らかにした。そして、世紀を超えての、またとりわけボーダレス社会と言われる性格を強めつつある現代社会においては世界的規模での普遍的意義が確認されつつあると言えよう。しかしそれにもかかわらず、これらの概念が一八・一九世紀にすでに一定の歴史的役割を果たした後の「再生」であるだけに、なお厳しい批判に晒され続けているし、必ずしもそれらに相応しい正当な評価を得ているとは言えない。とりわけ、リベラル・デモクラシーの政治制度をもつ発達した資本主義社会においては既に大方実現されており、今更その重要性を強調することは逆に現状を美化することになりかねない、といった危惧も出されている。しかし、陳腐となったかつての言葉がただ単に復権したに過ぎないと言うことではなく、生まれ変わった再生であり、そこにはかなりの意味の変動が盛り込まれているといって良い。そこで、以下では人権の〈再読〉という方法で意味変動の射程を測り、その現代的意義を吟味してみることにしたい。

人権論には三つのアプローチがあり得るが、その第一は、一九世紀前半のフランスにおいてコンスタン、ギゾー、トックヴィル等によって確立された自由主義的アプローチであり、それによれば人権は個人の権利である以上に近代の「分割の原理」に基づく国家の介入できない領域（市民社会）の設定であって、いわば立憲主義的解釈によるリベラルな国家像の提示である。第二は、わが国で支配的なアプローチで、人権のインフレ現象と揶揄されるように国家に対立する人権をあたかも個人の特権であるかのように捉え、各人による個人的利害の追求を容認する個人主義的な読解である。第三は、八〇年代のフランスでみられた再生人権論の一端で、権利主体が個人であることを認めつつも、人権の基礎原理が公共の舞台の形成とそこでの新たな権利の生成という理念と結びつけられるような人権の政治的発想を強調する脱個人主義的なアプローチである。第一は公的領域に、第二は私的領域に、第三は公的／私的領域にとりわけ関心を払うところに特徴が見いだせる。ここで論じる人権の〈再読〉とは第三のアプローチによるものであり、その熱心な主唱者であるルフォールはその核心を次のように述べている。「権利の民主主義的理解は、既存の法律とか君主の約束とかにその保障を求めるのではなく、公共の良心に訴え、そこでの確証を期待して力を発揮する個人的集団的なパロールによる確認を意味する」。とはいえ、このアプローチは人権の主体が個人であることに留意して、人権を個人の権利として解することを何ら排除するものではない。ただ、人権は権力の侵害から個人の親密権を守るというだけでなく、もっと積極的に多数者の関わる公的空間を設定し、そこで既存の権利を踏み台に新しい権利が生成されていくものであることを強調するところに眼目がある。

周知のように一七八九年の『人権宣言』は、第一六条に「権利の保障が確保されず、権力の分立が定められていないすべての社会は、憲法をもたない」と定め、権利保障と権力の分立を内容とする近代立憲主義の基礎原理を表明している。権力の制限による人権の保障と言い換えることもできよう。ところで、こうして確立された人権は所有権が「神聖かつ不可侵の権利」(『宣言』第一七条)と宣言されたこともあって、第一や第二およびそのようなアプローチへの批判的分析によって人権は他人と切り離されて私的利害をひたすら追求する原子論的ないし所有個人主義的な権利として読解されてきた。確かに、経済的自由主義の進行という一九世紀の文脈において機能した人権の実態を見ると、このような読解を誤りとして一概に否定することはできない。しかし、〈権利のための闘争〉という有名なフレーズがあるように、確立された権利が新しい権利を生み出すといった権利のダイナミックな展開をこのような読解では予め封じ込めてしまうのではないか。また、それ以前に原子論的な人間像ではそもそも他人との関係を含まざるを得ない闘争といったこと自体が理論化し得ないであろう。

権利には、通常、義務が対応しているように、間主観的ないし相互主体的な人と人との関係が前提におかれている。人権のうちでも最も基礎的な権利である自由権でも、他人への干渉を控えるという最小限の義務があって初めて成立が可能となる。しかも、その最小限の義務も人は自分の同種の自由を他人が承認する限りにおいて認めるに過ぎないことを思えば、自由権も相互承認の結果初めて得られるものである、と捉えなければならない。

ついでに言えば、人権について、すべての人間が人種・性別・職業・国籍・信条等をすべて捨象して得られる「人間性」に基づく権利であるとか、すべての人間が人間であるという資格のみで生得的に有する権利であるとしばしば定義されるが、人権は、「人類の多年にわたる自由獲得の努力の成果」であると日本国憲法が謳っているように、人間として誕生するだけで自動的に保障される権利などではなく、人間性に基づく権利であることを求めての〈相互承認のための闘争〉の成果である。

さて、人権をめぐるこのような〈相互承認のための闘争〉がおこなわれる場が近年の再生市民社会論者が唱える市民社会、あるいは非国家的・非経済的な公的空間である。では、そのような場はいつ、どのようにして設定されたと考えるのか。一つの典型を取れば、フランス革命における『人権宣言』を宣言するという行為であった。前述のように、人権は天賦のものでも人間性によるものでもなく獲得されるものであるという理解からすれば、人権を宣言するという行為とその宣言を承認するという行為、あるいは人権を与えるという行為と与えられるという行為をおいて外に考えられないであろう。一七八九年に「自由」が宣言された。その「自由とは、他人を害しないすべてのことをなしうることにある」（第四条）。国家権力や他人に干渉されることなく、すべてのことをなしうる。限界は「社会の他の構成員にこれらと同一の権利の享受を確保すること以外」にはない。自由のなかでも思想および意見の自由な伝達は、「人の最も貴重な権利の一つである。したがって、すべての市民は、法律によって定められた場合にその自由の濫用について責任を負うほかは、自由に、話し、書き、印刷することができる」（第一一条）。他人に向かって話し、書き、印刷して伝達する、他人がそれを聞き、読む。このどこに原子論的なあるいは所有主義的な人間像があるのだろうか。むしろ、関係論的な人間像を読みとり、審議・討議・対話がおこなわれる公的空間が設定された、と読解した方がより正確なのではないだろうか。その意味で、自由も放っておいて欲しいという個人の自由も勿論あるが、ここで触れたような自由、ルフォールの言う「諸関係の自由」をもっと重視すべきだと考えられる。

もっとも、公的空間を設定するという「宣言という行為」、それと設定された公的空間のなかでの行為とは次元が異なる。ここでは前者をメタ的人権の作用、後者をメタ的人権の行使とそれによるア・ポステリオリな人権の承認と仮に呼んでおくが、それはルフォールがハンナ・アーレントから借用して用いている「諸権利をもつ権利」というフレーズを筆者なりに分解した試論的なものである。どの人権がどちらに属するかまでは未だ検討していないが、古典的と形容詞を付けて用いられることの多い自由権はメタ的人権に属すると考えられる。自由権は権力の外在性を測る指標であり、自由権が否定されることは権力が市民社会や個人の親密圏に介入し併合する全体主義という人権を構成要素とする民主主義の否定を意味するからである。したがって、前述したようなコミューニケイティブな諸自由は公的空間を設定すると同時に、ア・ポステリオリな人権（取りあえず、社会権や新しい人権が思い浮かぶであろう）の承認をめぐる闘争の場を維持する役割を果たすのである。

かくて、人権の〈再読〉とは全体主義の経験をへた現代の視点から、『人権宣言』を読み直す作業を通じて、人権を専ら個人主義的にのみ解してその負の側面を強調することではなく、このもう一つのプラス面を浮き上がらせようとする問題意識に発するものである、と言えよう。

（「人権の再読」一九九八・六）

19 権利論の射程距離——フーコーとルフォール

＊一九九九年（平成一一年）
五月　情報公開法成立
六月　男女共同参画社会基本法施行
八月　国旗国歌法成立
九月　茨城東海村の核燃料再処理工場で臨界事故（一二月被曝した作業員一人死亡）

ホワードの次のような注目はまさにフーコーとルフォールの両者にそのまま該当しよう。「戦後のフランス哲学では、政治的関心の偏在によって支配されてきた、と言えよう。……一九六〇年代の半ばまでには……構造主義によって始められた新しい方向は（ある種の）政治学による哲学の取り替えという移行を始めた。……一九七〇年代の全体主義の哲学的批判から現れた哲学の無媒介的な政治化は……社会的な平等の追求よりも個人の自由を強調する道徳的な自由主義への魅力を伴うものであった」（『批判の政治学』一九八八年）。確かに、フーコー（一九二六—一九八四）とルフォール（一九二四—）はこうした政治への関心・現に存在する社会主義とオーバーラップして捉えられた全体主義への哲学的批判・自由の強調といった特徴を最も色濃く帯びている、と言えよう。彼らは同時代人であっただけでなく、ともにフランス共産党ないしマルクス主義にコミットし、六八年の「五月革命」に前後して新左翼として登場、全体主義的社会（ナチズム、スターリン主義に基づいて形成された社会）ないし画一的・規準的社会（現代資本主義社会）への厳しい批判を継続的に展開し始めたのである。その果実を一つに絞って、一口にいえば、フーコーの場合には規律的権力論、ルフォールの場合には（官僚制批判を別にすれば）間主観的人権論ということになろう。

ところが、これほど類似した点があるにもかかわらず交流はおろか互いに相手の業績に言及するといったことは一切ない。したがって、いかなる批判点を抱いていたのかについて当事者に即して明らかにすることは不可能である。ただ、推察すれば、互いの無関心はマルクス主義を離脱した後の政治的立場や経験の相違を別にすれば、同じ課題意識を抱きながらフーコーが系譜学を通じての権力の現実分析に専念し、現代人の置かれた厳しい状況を明らかにしようとしたのに対し、ルフォールの方は現実の権力の有り様よりも権力の象徴的次元（権力のあり方によって生じる意味の相違）に関心を払い、固持すべき政治的価値＝民主主義のあることを示そうとした、という問題意識の違いに求められるかもしれない。ともあれ、現代社会に対して両者が提起した問題の深刻さは本人達のレベルを超えた射程距離があると思われるので、同じ課題に対してなぜ権力論と人権論という相反するアプローチになってしまったのか、権利論という場の設定は現代の閉塞状態を突破するために有効性がないのかどうか、について両者を交差させながら考えてみたい。

……中略……

補足的なことを一、二、箇条書きして終わりにしたい。一つは、ルフォールの場合、民主主義を「確信の指標の解体」として未規定の社会の出現と理解するのであるが、社会の未規定性を民主主義社会の出現を見た近代に限定するのではなく、社会一般の性質と捉えているように思われる。マルクスが資本主義の法則から経済的土台の規定性や歴史の究極的要因としての土台における矛盾を社会一般に拡張したように、またかつてルフォールとともに戦闘的活動家のキャリアをもつカストリアーディスが未来の自律的社会を社会一般の自己制度化する性質の現れと捉えているように。フーコーには、このようなある意味での「大きな物語」はないのではなかろうか。

二つ目は、ローティーがフーコーとハーバーマスを比較して述べている点に関係する。「フーコーを、現在の社会秩序に強い関心をもった批判者としてではなく、その社会秩序のストイックで冷静な観察者として読むには、心の目で一瞥するだけでよい。解放のレトリック――権力のもう一つの産物ではないような類いの真理の観念――が彼の著作には欠けている……。フーコーの著作がもっている極端な無味乾燥性は、……イギリスの分析哲学者の……無味乾燥性と、相通じるものである。それはつまり、いかなる社会的文脈にも、いかなるコミュニケーションにも、帰属しないことからくる、無味乾燥性である」（「ポストモダンについて」『思想』一九八六年）。「大きな物語」である「解放のメタ物語」の不在のせいであろう。それに対し、ルフォールの称揚する民主主義は価値的・理念的なものではなく、絶対君主制・全体主義と相違を浮き彫りにする意味論的なものではあるが、評価や選択を可能にする規準的な機能をもっている点で異なると言えよう。

（「権利論の射程距離」『二〇世紀の法哲学』一九九八・一〇）

＊国旗・国歌の法制化に関する筆者の感想

「民主主義社会は社会的結びつきの消滅におののいて、社会は自己保存のみによって動かされる原子論的な個人の粉くずかその集団のままに放っておかれるように見え、文字どおり社会の解体であるかのような様相を呈する。そこで、分割や敵対的対立を免れた調和のある一つの社会という夢想を各人の感情のなかに引き起こし、より上位の集団の下に社会的結びつきを再形成するために祖国・国民・人民・

文明・民族といった像が神聖さを帯びて帰依の対象として呼び出されてくる。そして、これに同調しない者は敵・異端者・非国民として排除の対象になる。民主主義は対立物である全体主義に転移するというパラドックスが生じる。国旗・国歌によって目指されているものはこの一つのものへの志向ではないのか」（『島大通信』二〇〇〇年）

20 人権論とポスト・モダン

今さらこと改めて言う方がおかしい程であるが、人権は優れて近代の産物である。古代の〈自然〉、中世の〈神〉、それらに取って代わった近代の〈人間〉の〈権利〉である。その帰属主体である「人間」については、M・フーコーの言うように「一八世紀末以前に、〈人間〉というものは実在しなかったのである。……〈人間〉こそ、知という造物主がわずか二〇〇年たらずまえ、みずからの手でこしらえあげた、まったく最近の被造物にすぎない」(『言葉と物』)のであり、したがって人権は近代の産物そのものである。近代の西洋の知は、また〈人間〉という言葉が(homme, man)〈男性〉という言葉と一致しているように、人間の権利を男性の権利としてこしらえあげ、女性および女性の権利を排除してきた。しかし、さらにそれだけに止まらないで、「人間」は、白人・成人・健常者等であることをも含意し、有色人種・子供・老人・障害者等と彼らの権利を排除してきたのである。

一方、次の世紀は「人権の世紀」とも言われ、これまで排除されてきた人々の人権が盛んに主張されている。いわく、「胎児の人権」・「子供の人権」・「女性の人権」・「老人の人権」・「障害者の人権」・「少数民族の人権」・「先住民族の人権」・「外国人の人権」等々である。差異に関係なく平等に取り扱うべきである、という立場からの要求である。これは人権の享受者が次第に拡大していくという意味で「人権の発展」として祝福すべきことなのか、それとも逆に排除されてきた人々が差異という特殊性を失うことによって「人間」という普遍性の下に包摂され、二〇〇年前の近代のイデオロギーに掠め取られてしまう悲嘆すべき事態なのであろうか。

祝福も悲嘆も「人間であるということだけで有する権利」と定義される人権概念の〈人間〉を主張ないし批判の根拠にしている点で共通している。したがって、いずれを選択するかは「人間」という普遍概念をどのようなものとして理解するかに依存している。「人間」という概念の実体的・形而上学的性質を解体するか（ポスト・モダン）、「未完のプロジェクト」と言われる人権の核心である自由・平等の政治原理をいっそう擁護するか（モダン）。さらに両者の統合は可能なのか、以下その試みを検討していこう。

まず、ポスト・モダンによる人権批判であるが、ここで「ポスト・モダン」として念頭にあるのは、出発点を〈近代批判〉に設定している理論、勿論、用語上から当然にプレ・モダンではなくポスト・モダンの立場から、という極めて包括的なものである。それも人権に関するものであり、しかも残念ながら検討したい文献が希少なため、専ら上野千鶴子氏のフェミニズム関連の論文や対談での発言に限定されている。さて、上野氏はフェミニズム理論の系譜のなかに、「近代主義的なブルジョア女性解放思想」を含めないと言われるのであるが、その理由は二点あって、いずれも人権概念に関係している。端的に言って、次の文章に集約されている。「近代の生み出した女性解放の思想は、『女性の権利 woman's rights』の擁護から始まったが、それは何びとからも奪い得ない自然権としての『人権 human rights』の思想にもとづいていた。『女だって人間よ』という認識が女性解放の第一歩だとしたら、フェミニズムは近代のもたらした人権思想のうちにその根拠を持っていた。したがって、それは近代の生んだ『人間』という概念のうちに、その根拠も限界も同時に持っていたのである」（『家父長制と資本制』）。その根拠と限界に由来するフェミニズム理論ではない第一の理由が、「女性の権利」は確かに〈解放の思想〉ではあっても、〈解放の理論〉ではないという点である。「ブルジョア女性解放思想は『女性の権利』という『正義』が行われることを要求するけれども、この『正義』がなぜ達成されないかの社会的メカニズムについてのどんな解明もしない」からである。そして、解放の理論を欠いた解放の思想は、所詮、啓蒙もしくは運動論に帰着し、「性差別」という社会的不公正がはびこる野蛮な社会を弾劾し、「男性の横暴」とそれを許す「女性の蒙昧」をなじるだけに終わってしまう。したがって、〈近代批判〉であるどころか、まさに近代の枠のなかに止まっている。

いうまでもなく、人権思想の母胎は近代自然権論という啓蒙主義であり、アンシャン・レジームを不自由・不平等の体制と断罪する規範理論であった。もっとも、ロックには自然状態論のなかに市民社会の経済理論が見受けられるし、ルソーにも不平等起源論に見られる私的所有制についてのそれなりの歴史的分析と批判があることは周知の通りである。ただ、人権思想(自然権思想)という点だけを取りだしてみれば、確かに正当性をもった政治社会であるために満たすべき政治的諸原理を解明した思想ということになるであろう。同様に近代主義的な「女性の権利」論も、女性も人間なので男性と平等に人権を持つべきであるとの規範論となり、なぜその規範が実現しないかの社会的メカニズムの解明はこの規範論自体からは出てこない。それは人権論の限界である。だから、規範が実現しない原因を社会的メカニズムにではなく、表層の「男性の横暴」や「女性の蒙昧」に求めるだけに終わってしまうのであろう。

次に、上野氏が人権概念に批判的な第二の理由は、人権が「人間」という普遍主義に依拠しているからである。普遍主義は構造的に抑圧性を孕んでいる、と指摘される。その真意は対談での発言だけに筆者にはなかなか咀嚼しにくいが、抽象的にいえば普遍主義は特殊なものを特殊なものとして認めず、それを否定して普遍のなかに包摂する点で暴力的かつ抑圧的であり、またある特殊なものが普遍を騙って一方的に支配する点でも抑圧的である、ということになろうか。女性から参政権を奪ってきた例や、人権の母国である欧米の先進国が「南」の諸国に人権モデルを当然の如く押しつける例の「人権外交」を思い浮かべれば分かり易いであろう。性差でいえば、性差なき平等を目指すのではなく、性差を差別しない関係を創り出すこと、ということになろうか。人権として「女性の権利」を要求することは、普遍主義の罠にはまって「人間」の「権利」というルールを受け入れることになる。だから「人間」という普遍へと高まるのではなく、女性として特殊なままでいること、そこに脱出の方法を見出すべきである。「私たちは弱者である、社会的少数者であるということを認めて、弱者のままで、社会的少数者が誰からも抑圧されずに生存できる、ということが実はゴールだったんじゃないか」という文章はそのように読みとれる。

ところで、新しい社会主義の再構成（マルクス主義的社会主義でもなく社会民主主義でもないという意味で）を試みるC・ムフは、自由民主主義の伝統的な諸要素を組み替えていくラディカル・デモクラシーのプロジェクトを提唱しているが、「そうしたプロジェクトは、近代的でありながらも、同時にポストモダン的でもあると規定できるであろう」（『政治的なるものの再興』）と述べている。すなわち、ハーバーマスの言う「近代の未完のプロジェクト」を追求する点でモダンであるが、彼と異なって、それに啓蒙の認識論的視座を非本質論的視座への転換から接していくという点でポスト・モダンであるという。モダンの目的を、ポスト・モダンの方法で追求していくということになろうか。確かに、上野氏の言う「近代批判」から出発するわけではないから依然として近代の呪縛に捕らわれている。しかし、近代のプロジェクトは「未完」で終わっていると自覚し、その原因の一つを啓蒙の普遍主義・合理主義・主体主義という認識論的視座にあるとする点では「近代批判」の一面は共有していると言える。筆者はこうした考えに完全に同意しているわけではないが、モダンの目的をポスト・モダンの方法で接近していくという構想には魅力を感じる。

（「人権論におけるモダンとポスト・モダン」一九九九・三）

21　二〇世紀末の民主主義論

政治哲学における近年の重要な理論家としてダビッドは、自由主義から出発したロールズ、マルクス主義出身のハーバーマスおよびカストリアーディス、現象学出のアーレントとルフォールの五名を選出している（『民主主義』一九九八年）。今日に相応しい「民主主義のプロジェ」の理論家という著者なりの問題意識から選択されたものであり、あるいは異論もあろうが、同じような軌道上にある筆者にとってはおおむね賛成できるところである。ただ、五名全員の理論に通暁しているわけではないのでかなり恣意的になるかも分からないが、ダビッドの記述を参考にしつつ今のところ筆者なりに理解している共通の特徴点を簡単に取り出しておくに止めたい。

まず第一に、背景にあるのは戦前戦後の全体主義と六〇年代以降の過度の個人主義の経験と認識である。そこから第二に、巨大なイデオロギーであるマルクス主義とリベラリズムに対する反撥である。第三に、それらに代わるものとして、個人的・集団的「自律」という目標を「民主主義的プロジェ」の中心に置く。自律を「デモスの支配」としてすべての者がすべての者を支配すべきだとするなら、究極的には社会から切り離された国家装置（職業専門家のみによる国家機構）の廃止が問題となるが、そこまでは含意せず、むしろ（分権化された）装置の存続を前提にして可能な限りの民主主義的コントロールを主張する。第四に、その際「政治」を国家（国家権力ないし国家装置）に焦点を合わせるのではなく、もっと広い意味で政治・経済・法・文化等々を含む社会構成体全体を指すよう発想している。第五に、その政治の領域を公的・公的領域（国家）、公的・私的領域（市民社会）、私的領域（親密圏）に分け、なかでも特に公的・私的領域に重要性を認める。これは公的・公的領域と私的領域（市民社会と親密圏を分別しないで）に重点を置くマルクス主義とリベラリズムに対して距離を取るためである。さらに、そこから、新しい社会運動への重視と逆の労働者階級の歴史的使命といった特権の剥奪とが帰結する。参加民主主義や審議民主主義をめぐる最近の理論状況もそこに関係していよう。第六に、人権の重要度については両義的である。たとえば、ロールズやルフォールは人権を理論の中核におくが、アーレントやカストリアーディスはかなり懐疑的である。最後の第七として、マルクス主義やリベラリズムに背を向けるわりには経済体制の問題をどうするかに関しては正面から対峙したプランを見出しがたい。以上が背景にある諸論点である。

（「民主主義・人権観と日本」『恒藤恭の学問風景』一九九九・四）

22 かつての盟友との別離——「未規定性」をめぐって

＊二〇〇〇年（平成一二年）
一月　ロシア大統領にプーチン選出
四月　介護保険制度開始
五月　森首相「日本は神の国」発言
＊二〇〇一年（平成一三年）
九月　米、ニューヨークの世界貿易センタービルに二機の航空機突入（米、同時多発テロ事件、死者・行方不明者約三〇〇〇人。一〇月、タリバーンへの攻撃開始）

これまで社会の未規定性の確保という視角から人権を読解しようとする試みについて、主要な理論を参看しながら展開してきたが、ここでは権力の直接的行使への「平等」な参加による「自由」（「自律」）の実現というプロジェからの根源的で全面的な批判を見ておきたい。しかも、その批判はルフォールのかつての盟友であるカストリアーディスからのものである。『社会主義か野蛮か』以降の両者の理論的対立による訣別については省略するが、一九八〇年にはパリの国立社会科学高等研究院で同僚となり、それについては「ルフォールの尽力があったのかもしれない」と江口幹は述べている（『疎外から自由へ』）。しかし、その後、カストリアーディスに捧げられた浩瀚な論文集（『社会の自律と自己変革―コルネリウス・カストリアーディスの戦闘的哲学』一九八九年）にはルフォールは執筆していないし、並行して初めてルフォールの思想を多面的に分析した論文集（『発動する民主主義』一九九二年）にはカストリアーディスは論考を寄せていない。その間の詳らかな消息は分からないにしても、これから取り上げる批判を見れば両者の理論的な亀裂の余りの深さからある程度は推測できるであろう。とにかく手厳しい批判の一語に尽きる。名指しされていないもののこれまで頻繁に触れてきたルフォールのキー・ワードが悉く俎上に乗せられ全面的に否定されている。以下は、一九九〇年にセルシーのコロキウムで発表された講演の記録を若干修正した上で論文として纏められたものの要約である。

「最近の著作家達は、別の考察から出発して民主主義を定義しようとしている。例えば、民主主義を『未規定』の体制であるとか、様々な社会領域の間の規範の統一性を廃止する体制であるとか、あるいは知と権力の一致を廃止する体制であるとか、と。また、私自身もそうだったと認めなければならないが、開かれた体制であると」（『いかなる民主主義か』一九九九年）。しかし、政治哲学者であれば現代の西洋社会について語らなければならない。この社会は果たして未規定であろうか。社会的―歴史的体制の作動が「規定されうる」限り――確かに、社会的

‐歴史的体制は機械やニュートンの宇宙ではないので、未開の種族や全体主義体制であっても永久に規定されるということはないにしても——、このいわゆる未規定の体制は形式的（法的）規則とは本質的に異なった（勿論、同じものが再生産されるようにそれによって許容され保障されるのであるが）非公式で実質的なメカニズムによって完全に「規定されている」のである。社会的‐歴史的体制の核心にある予期し得ない未規定のものを捨象してみれば、現代の民主主義社会に見出されるのはこの再生産、すなわち経済的・政治的・文化的次元での同じものの再生産である、と。次に諸領域の分離についてはどうか。分離どころか、むしろその中でほとんどすべての人々が生活している生産・行政・教育・文化といったあらゆる領域の大組織の内部にある階層的‐官僚的規範と、現代の偽の市場装置が行き渡っているところでは何処にでもある貨幣の規範、この二つの規範の混合こそ富んだ自由主義社会を特徴づけているものなのだ。知と権力の分離。これも反対ではないのか。確かにフランスの国王は彼がものを「知っていたから」国王であったのではなく、神が彼を望んだからであるし、ヒットラーでさえ自分が「知っている」とは主張しなかった。ところが現在の現実に引き戻してみれば、政治はこの分離の反対を実現する傾向にある。経営者や教授などが必ず正しいとされる階層的‐官僚制的組織の中に、権力は知を含むと主張しうる結合の傾向が見られる。住民の場合も、政治に関心を抱きどの政党が良いかを判断している程度において両者は結びついている。では、「開かれた体制」

はどうか？　一般化された画一主義以外のものは見いだせない。

以上は、広い意味の政治・権力に関わる論点での批判である。狭い意味の定期的な選挙による「空虚な権力の場」についてはどうか。選挙による「代表制」がそもそもインチキである。四、五年間、委任者が望んでも委任を取り消し得ないというのは、たとえ期間が限定されているにしても私法においても知られていない馬鹿馬鹿しい制度である。また、ルソーはイギリス人は選挙の「五年ごとに自由」であると言っているが、それさえ怪しい。五年の間に代表者の決定により諸々の結果が蓄積され、次の選挙の際には選択肢は狭められたり変えられたりしているのであるから。最後に、言うまでもない選挙のキャンペーンのための政治資金。誰が金を出すのか、街角のルンペンではない。社会のなかに事実上形成される別の権力、とくに経済的権力をおいて外にあるまい。結局、現代の西洋民主主義社会の診断として引き出される結論は「自由主義的寡頭制」であるということ。寡頭制、なぜなら限られた層が社会を支配しているからであり、自由主義的、なぜならこの層が市民達に一定数の消極的あるいは防御的な自由を残しているので。

全くとりつく島がないといった状態であるが、どうも立脚点の異なった両者のすれ違いから来ているように筆者には感じられる。まず、共通点を確認することから始めよう。ルフォールもカストリアーディスも社会‐歴史が未規定である、と捉える。ルフォールが確信の指標の解体とか超越的規範の消失という表現で民主主義社会の自律性を言うところを、カストリアーディスは社会外のいかなる基礎・いかなる規範の規範・いかなる尺度の尺度もないといった表現で制度化しつつ制度化する社会の創造力・自律性のプロジェを語る。したがって、つい先に触れたように社会的‐歴史的体制は「規定されうる」と述べながらも、その核心に予見し得ない未規定の出来事、歴史とは思いがけないことの出現であることを否定しないのである。ただ、若干の違いを言えば、前者は未規定性を強調するに当たってアンシャン・レジームおよび全体主義との比較で近代の民主主義を中心に置くのに対して、カストリアーディスは近代だけでなく古代ギリシャと一二世紀から一八世紀末にも自律のプロジェが見られることを強調する点であろう。

（「人権の諸次元」二〇〇一・五）

23 再度、人権とポスト・モダン

＊二〇〇二年（平成一四年）
一月　欧州連合の通貨「ユーロ」使用開始
九月　小泉首相日本の首相として初めて北朝鮮訪問（一〇月拉致被害者五人帰国）

近代社会を樹立した「民主主義革命」は第三階級による権力の奪取であるとか所有関係の変革であるとか、あるいは国民主権を内容とする集権的国家と強い個人の二極構造の形成であるとか、いろいろな視点から捉えられてきたが、「近代社会の未規定性」という議論は古典古代のギリシャを除く前近代社会を覆ってきた超越的規範ないし確信の指標の解体として理解するルフォールによって初めて明らかにされた独特の民主主義論からのものであった。カストリアーディスと違ってその議論を肯定的に評価するムフは、その認識論的側面の含む意味をリベラル・デモクラシーの伝統的な諸要素と組み替えて新しい社会主義の再構成に取り組んでいる。以下、簡潔にその論述を敷衍しておきたい。

「ルフォールが描いたように、もし民主主義革命が近代の固有の特徴そのものと見做されるとしたならば、哲学におけるポストモダニズムによって意味されているものが、あらゆる究極的基礎や最終的正統化の不可能性に関する認識であることが明白になる。実は、これらの究極的基礎や最終的正統化の不可能性の認識こそ、民主主義的形態の社会の出現、またそれゆえに近代それ自体を構成していった当のものであったのである。前述のポストモダニズム的な認識が浸透したのは、『神』や『自然』に定礎されていた伝統的基礎を、『人間』や『理性』に基づくいま一つの別なる基礎によって取り替えようとした諸種の試みが挫折した後であった。これらの試みは、最初から失敗へと運命づけられていたといえよう。というのも、近代民主主義には根本的不確定性がその特徴としてついてまわっていたからである。……それゆえに、合理主義とヒューマニズムへの挑戦は、近代の全面的拒否を言い表すものでけっしてなく、ただ近代のなかの一つの特定のプロジェクト、つまり自己の基礎づけに関わる啓蒙のプロジェクトの危機を含意するものでしかない。同時にそのことはまた、われわれが、万人の平等と自由とを成就していった近代の政治的プロジェクトを放棄しなければならないということを含意するものではない」（『政治的なるものの再興』）。

それでは近代民主主義に不可避的に伴う根本的な不確定性あるいは未規定性という認識は、万人の平等と自由とを成就していった近代の政治的プロジェクトとどのようにして結びつくのか。というのも、万人の平等と自由とはもはや超越的規範によって規定されたものではなく、身分的階層制とは逆であっても、近代の政治的プロジェクトによって万人の在り方として規定されたものである筈だからである。この点についてのみを述べておけば、「国民議会として構成されたフランス人民の代表者たち」が「人および市民の以下の諸権利を承認し、宣言する」（フランス人権宣言前文）として、たとえば「人は、自由、かつ、権利において平等なものとして生まれ、存在する」（第一条）と宣言したからである。「宣言」という行為を通じて、権利を付与される者が権利の創出主体でもある、というパラドキシカルな論理によって規定されていないフランス人という人間が自由で平等な権利をもつという規定された存在になったということである。

（「近代社会の未規定性と人権」二〇〇二・三）

24 人権の過剰への批判

＊二〇〇三年（平成一五年）
三月　米英、「大量破壊兵器」除去のためにイラクへ攻撃開始（イラク戦争）
四月　平成の大合併
一二月　地上デジタル放送開始

周知のように二一世紀の幕開けは意想外の出来事、グローバリゼーションの象徴たるニューヨークの世界貿易センタービルに対する自爆テロ（いわゆる〈九・一一〉）であった。それはアルカイダ殲滅のためのアメリカによるアフガニスタン攻撃の起点となり、さらには「悪の枢軸」への非難、イラクへの大量破壊兵器の査察・戦争反対を唱える国際世論に抗しての武力攻撃・米英による軍事占領へと発展した。こういうとき、従来の最も効果的なレトリックは相対峙するイラク人・アメリカ人を超える人間の権利としての「人権」である。我も彼も「人間」、生命の価値に上下はない。まさに「生命への権利」こそは武力攻撃に反対する人間の盾にも匹敵するだけの法的な切り札である。いや日本も、即刻、武力攻撃に支援の立場を取ったので他人事風に言うべきではないであろう。それだけでなく、つい間近で、失われた十余年にわたる経済不況の下、年間約三万人強を数える我々の隣人が自ら命を絶っているのである。それだけに生命の安全や自由平等を確保するため、身近な問題から地球の環境に至るまで広範囲の問題解決のため人権への訴えが繰り返されてきているのも当然である。些か皮肉な調子になってしまうが、神の沈黙はいつものことなので、それに代わって人権が良かれ悪しかれ「一種の世界規模の世俗宗教」のお守り札のようになり、無数の人々の崇拝の対象になってきているのである。たしかに、定義上、人間であるという資格だけで万人に対して権利主張できる人権というタームは、自己を守るために実に効果的で容易に手に入る道具であるには違いないのではあるが。

さて、この度取り上げるゴーシェは、八〇年代に展開されたフランスでの人権論争において、ソ連・東欧の社会主義国での異端者を念頭にマルクスの人権論を痛烈に批判して人権の積極面を摘出しようとしたルフォールと違って、人権が一応承認され慣用のレトリックになっている西洋諸国においてはむしろ現存する資本主義体制を美化し正当化することにしか役立たない、とかなり否定的な評価を下していた。人権への手放しの礼賛という風潮を危惧したその時の論文名は「人権は政治ではない」（一九八〇年）というものであった。それから二〇年が経過し、彼は「人権が政治になるとき」（二〇〇〇年）を執筆してこの間の彼の意に反した人権イデオロギーの勃興をめぐる状況を再び分析し、それを人権という内部から生じた民主主義の危機であるとする結論を導かざるを得ない羽目に陥ることになる。緊密に結びついている以下の二点に絞ってその結論に至る経緯を予め辿って見ておくことにしたい。

第一点は、近・現代の時代精神とも言うべき個人化あるいは個人主義の進展に関わる問題である。フランスにおいて一九八八年前後に六八年のいわゆる「五月革命」を席巻した思想の同定およびその後二〇年にわたるその思想の道程をめぐって激しい議論が展開された。ラッシュの『ナルシシズムの時代』（仏語版・一九八一年、オリジナルの米語版・一九七九年）、リポヴィッキーの『空虚の時代』（一九八三年）、フェリー&ルノーの『六八年の思想』（一九八五年）・『六八―八六　個人の道程』（一九八七年）、カストリアーディスの「六〇年代のさまざまな運動」（一九八六年）等が主要なものであるが、ここで詳しく触れる必要はないであろう。ゴーシェも、自己愛的な個人主義の進展というこれらの現状分析に近い立場からの結論をさらに九〇年代の終わりにまで引き延ばすよう試みており、その点、特に注目される。たとえば、八〇・九〇年代の「私化のプロセス」は異議の年代の対抗文化から大量の栄養を補強して「反独裁、反制度的であると同じく、利己主義的・精神的・快楽主義的であり、自己の個性的確立を追求して既存の秩序の破棄へと個人を静かに動かすが、反乱ではなく、結婚の拘束・教育における権威の拘束・企業における階層制の拘束、公共事項の犠牲的な責務等を甘受しないようきっぱりと決断した不服従である」と述べている。「禁止することを禁止する」という六八年当時の落書きの有名なフレーズがよく引き合いに出されるが、まさしく〈拘束の欠如〉の聖化と言えよう。それでも八〇年代の個人化の特徴は「私化と脱政治性」(だから最初のゴーシェ論文のタイトルは「人権は政治ではない」だった)であったにしろ、まだ集団的な解決への信念が根強く残っていた、と言われる。それが九〇年代になると個人主義化の波はさらに大きくなり、かつての「階級」、「大衆」、「人民」、「国民」といった集団の表象はあらかた消失し、残っているのは「個人」だけとなったのである。

その政治的な原因は、言うまでもなく一九八九年の共産主義的独裁の崩壊と一九九一年のソ連の消失である。奇しくも一七八九年の二〇〇年祭は、ソビエト帝国の敗走によるブルジョア的自由の克服という展望の崩壊と同時に、一七八九年の精神が蘇生され、個人の平等な自由を謳う基本的諸原理への再同調という新たな人権革命の年として祝われたのであった。このとき、ゴーシェは八〇年代と九〇年代の分岐点に準拠枠の転換をもたらす知的革命を嗅ぎつける。つまり、一九四五年以来、社会主義体制・自由主義体制を問わず人々が一致して認めていた最後の問題は〈全体の組織化〉の問題——具体的には生産の無政府性・社会の分割・議会主義の行き詰まり・国家の無力の矯正、あるいは自由主義体制流に換言すれば規制・予測・再配分・政治のプロセスの合理化の問題——であった。それが、今や〈諸部分の独立〉の問題に取って代わられた、という。全体の組織化に失敗して崩壊した社会主義の廃墟の側で関係が真反対に変わり、モナドの優先性がすべての関係の準拠枠になった。そのため、「以後、各構成員にそれに対してそれぞれが権利を持っている自己の特異性の自由な表現と平等な確認を保障するということが問題となったのである」。この諸々のモナドの共存の可能性については、グローバリゼーションあるいは「市場」の世界化、コンピューターによるネットワークに基づくコミュニケーションといった物質的な裏付けを伴っていることにも目を向けている。

第二の点に移るが、世紀の転換期にゴーシェが驚きをもって描こうとする問題はこれ、すなわち「個人」があらゆる関係性の中心になったという新たな段階の問題である。それは単に「個人」が突出したということだけではない。また、モナドとしての「自己である権利」を人権として要求したというだけでもない。なによりも核心は、先の八〇年代の特徴を象徴する「私化と脱政治性」というフレーズに対応する九〇年代の「私化と政治性」という問題にこそある（この度の論文名が「人権が政治になるとき」であることを強調しておきたい）。一見矛盾したように見える内容のフレーズであるが、「私化」の領域あるいは個人の特権化を守り保護することが「政治」の主要な任務と考えられるに至った事態の表現だとすれば、意味深長な射程距離をもっていることが理解されるであろう。ここ二〇年の思想潮流――個人化・個人主義の意想外の進展とその帰結――の総括を試みるゴーシェの確信に満ちた結論的な表現と言える。彼は言う、「実を言えば、一九九〇年代に定着したような人権の民主主義は次のような結びつきからできたものである。つまり、その民主主義は事実と理論を結びつけ、個人主義化の力強さと権利による個人の論理との関係での政治の再定義とを結びつけている」。「事実」として否定し得ない極度の個人主義化、その個人の特権的地位の安定的で長期的な確保を権利として「理論」化し、その結節点に民主主義「政治」を見いだそうとする所に二〇年来の動向の核心を見出しているのである。では人権の論理による政治の再定義とは何を意味するのか、についてもう少し敷衍しよう。

それは二〇〇年前に制憲議会の議員が夢想した個人の平等な自由を人権とし、その人権に社会編成の基礎としての地位と射程を十全に承認することなのである。「『基礎』、すなわち目指される最高の規制的価値という〈地位〉だけではない。権力に対抗する乗り越えられない障壁という〈射程〉だけでもない。あらゆるものを基本から再び取り上げることを求め、免れるものを何一つ残さない最初にして網羅的な『定義の諸原理』の地位と射程でもあるのだ」。つまり、人権が全体の中心点、命令の地位に就任したということである。ところで、ゴーシェによればこれまでの民主主義、つまり自由民主主義は政治・権利・社会的‐歴史的なものという三つの要素の統合のお陰で生成し発展してきた。ただ、最近までの長い間、権利は些末な地位に押しのけられ・隠され・権利の独立した一貫性は否定される傾向にあった。それが、権利という要素だけが排他的な役割を占め始め他の二つの要素を切り捨てることによって、権利の復讐と同時に政治と社会的‐歴史的なものの失墜という自由民主主義の歴史（一八八〇―一九八〇年）における大転換を引き起こすことになり、支配されてきた次元が反対に支配する次元になったと捉えるのである。

一口で言えば、フランスでは人権がイデオロギーになったということである。集団的組織の過去・現在・未来を超越的な宗教に代わって内在的に正当化する機能を果たす役目を負ったイデオロギーは、脱魔術的で歴史的な近代になって初めて生まれた政治的社会的言説であると言われるが、その基本的なメカニズムの特徴は〈部分〉を表象しているに過ぎないにもかかわらず、〈全体〉を捉えているとするそのスタンスにある。勿論、人権イデオロギーとてその例外ではない。たとえば、政治に対してはあるべきことを告げ、あるいは現状の不十分さを効果的に弾劾し、個人の被った不正の修復を図ろうとする。それが出来ないのは人権の要求が向けられる統治者の怠慢に過ぎない。ただひたすらに「自己である権利」に拘泥して現状を告発し、より多くの権利を要求するだけで実現の可能性やそれに伴う責任を考慮することなしに主張される。実現を見なければさらなる大波となって次々と要求が押し寄せる。端的に人権は善であって、それを承認・実現しないのは悪である。確かに、人権は規範の次元に属するから、大方の賛意を得た形で援用されると一層の尤もらしさをもって現状の不適切性を批判できる。しかし、代わりに社会的‐歴史的なものについての理論ではないから、事態が現にあるようになっている理由・根拠については何一つ語らないし、同様に事態を変化させるあるいは要求の実現を企図する政治上の手段についての考えも何一つ生み出せないのである。そこに部分の全体的表象というイデオロギーのメカニズムを窺うことができるとする。

しかし、人権がイデオロギーに変容するに至ったのにはそれなりの理由があることは言うまでもない。労働者や農民といったかつて有機的集団としての実体を備えていた社会集団の境界と範囲が曖昧になり、階級の分裂も複雑ないし希薄となり、集団の構成員のアイデンティティーが不確かになってしまった。それが前述した東欧の社会主義圏の崩壊による未来への期待の挫折、市場原理主義の席巻へと連動し、社会の組織化・計画化の中心に国家や社会的歴史的変化についての展望を提示してきた政治的社会的言説の信頼性を一挙に失わせたのであった。

以上が、二〇世紀末の四半世紀にフランスで展開された状況を分析したゴーシェの診断である。政治・権利・社会的‐歴史的なものの三要素の統合からなる民主主義の歴史において、権利という一要素のみが肥大し他を圧迫している。したがって、現代の自由民主主義は『自己自身に反する民主主義』という危機に見舞われているのだ、という。サミットに集う先進諸国に多かれ少なかれ共通の状況であり、かなり憂鬱な貸借対照表であるが、では果たして脱出口を見いだすことができるのであろうか。

（主として『自己自身に反する民主主義』二〇〇二年より）

25 日本における人権意識の特徴

＊二〇〇四年（平成一六年）
二月　イラク派遣の自衛隊出発
一〇月　新潟中越地震、死者二五人
一二月　スマトラ沖大地震、死者七万人以上、行方不明者三万人以上
＊二〇〇五年（平成一七年）
四月　個人情報保護法施行
一〇月　郵政民営化法成立
＊二〇〇六年（平成一八年）
四月　障害者自立支援法施行
一一月　フセイン元大統領に死刑判決

今世紀に入る少し前から「二一世紀は人権の世紀」というフレーズがよく見受けられたが、どうしたことか皮肉にも二一世紀に入った途端、あまり目にしなくなったような気がする。流

行語とか単純化されたスローガンの類の宿命と言えばそれまでのことである。ただ、新しい世紀においてはすべての人の人権が本当に尊重されるべきだという意気込みの浮沈は、一方でフレーズの提唱されたこの時期、「人権教育のための国連一〇年」（一九九五―二〇〇四年）に関連するものであり、他方で時期的にもほぼ重なる行財政改革の結果（一九九六年・第二次橋本内閣による「六大改革」の提唱、二〇〇一年・小泉内閣による「聖域なき構造改革」の提唱から今日まで）、不平等社会・格差社会の到来が告げられている昨今の我が国の状況を考えると安易に見過ごしていいとは思えない。言うまでもなく、人間であるというだけで認められる「尊厳」を根拠に万人に「平等」に尊重されるべきこの人権の理念と「不平等」ないし「格差」という現実の対照は明らかに非両立的であるからである。と言っても、いつまでも一致することのない存在と理念の二元論的対立から見てのことではない。一〇年に及ぶ行財政改革の帰結として浮かび上がってきた期待される理想は自己決定・自己責任に耐えうる競争的人間像であり、人権（論）の類型で言えば〈自由〉を人権の核心とするかつての西欧型に近い着想であり、決して人権の理念そのものを正面から否定しているわけではない。むしろ、後述するように〈平等〉を軸とする日本社会の伝統からアメリカ型の〈自由〉を中心とする新しい社会編成へのラディカルな変換が目指されその現れと思われるのである。

しかし、この際、改めて考えるべきは単に平等から自由への重心の移動だけではない。それ以上に、西欧起源の「自由・平等・友愛」という人権の三位一体が我が国でどう理解され、どのように受肉化されてきたのか、を問うことであろう。というのは、それらは必ずしも西欧流に理解されて来たわけではないし、したがって自由から平等（とりわけ実質的平等）への人権の歴史的展開を背景にしているわけでもなかった。それ故、平等から自由への重心の移動も単純に逆流現象として捉えるのはナイーヴすぎるであろう。もっとも、筆者は西欧起源の諸観念は西欧流に解釈すべきだと考えているわけではない。それこそ悪しき西欧普遍主義であり、一種の原理主義に他ならないからである。移植される土壌に合わせて開花しても一向構わない筈である。ただ、開花の仕方に問題があり、移植された自由なり平等にそれなりの内実（規定と内在的制約）があるかどうかこそが検討される必要がある。本稿は、それらの諸観念の日本流の理解とその上での近年の重心移動の意味について幾ばくかの試論を提示したものである。

　さて、日本における「人権意識の特徴」については簡略ながら以前にも書いたことがあり、そこで触れた結論に変わりはない。少し違った資料を用いて敷衍して述べるに止めたい。

　まず、第一の特徴は日本では人権のなかでは「自由」よりも「平等」の方に関心がある、という点である。今、手元に第五五回人権週間への関心を呼びかける法務局のチラシ（—「育てよう　一人一人の　人権意識」—二〇〇三年）がある（正確には、松江地方法務局のチラシ）。それによるとこの年度の強調事項は以下の一二である。「女性の地位を高めよう」、「子どもの人権を守ろう」、「高齢者を大切にする心を育てよう」、「障害のある人の完全参加と平等を実現しよう」、「部落差別をなくそう」、「アイヌの人々に対する理解を深めよう」、「外国人の人権を尊重しよう」、「ＨＩＶ感染者やハンセン病患者等に対する偏見をなくそう」、「刑を終えて出所した人に対する偏見をなくそう」、「犯罪被害者とその家族の人権に配慮しよう」、「インターネットを悪用した人権侵害は止めよう」、「性的指向を理由とする差別をなくそう」である。恐らく、これは一九九九年七月二九日付けで出された人権擁護推進審議会の答申「人権尊重の理念に関する国民相互の理解を深めるための教育及び啓発に関する施策の総合的な推進に関する基本的事項について」で触れられている「主な人権課題の現状」を要約したものであろう。定義上、人権は人種・国籍・性別・社会的身分等々個々の具体的人間が否応なく身につけている具体的な属性をすべて捨象して、単に人間であるという生物学的な性質だけで所有するとされる権利である。したがって、答申の言う「人権尊重の理念」に照らせば性別・年齢・身体状況・国籍・出身地等を理由とする差別は理不尽であり、「国民相互の理解」を深めてこうした諸々の差別をなくするよう努力することは、人権週間に相応しい行事であることは否定できない。ただ、ここで強調する必要があるのは列挙されている事項がほとんど差別の廃止（平等の実現）であるということである。あるいは差別の廃止という視点から課題が取り上げられ表現されているということである。例えば、「性的指向」などは本人の自己決定権に属する自由の問題だと考えられるが、それが偏見に基づく差別の範疇に入れられて理解され表現されているように、わが国においては自由よりも平等というのが大方の関心である、と言っていいのではないか。

次に、第二の特徴は人権の主たる侵害者は「国家」よりもむしろ「国民」相互である、というところにある。第一の特徴の根拠として用いた先の答申は人権の「教育及び啓発」に関するものなので当然といえば当然であるが、「このような様々な人権課題が存在する要因の基には、国民一人一人に人権尊重の理念についての正しい理解がいまだ十分に定着したとは言えない状況があることが指摘できる」と述べて、差別による人権侵害を行う者が一般私人であることに注目している。これは人権侵害として法務省の人権擁護局に持ち込まれる事件の統計によっても裏付けられる。一九九〇年に法務局で受理した人権侵犯事件一万五三五三件のうち、「私人による侵犯事件」が一万五〇四七件（九八％）であるのに対し、「公務員の職務執行に伴う」侵犯事件は三〇六件（二％）に過ぎないのである。勿論、これには各地方法務局長が上位の機関に報告しなければならない「特別事件」がそもそも侵犯者として一般私人が想定されるようなケースを列記していることも関係しているであろう。因みに筆者が居住している松江の地方法務局の二〇〇三年度に受理した人権侵害事件のまとめによれば、計二三二件のうち加害者が公務員だったのは一一件（五％、教職員による体罰等学校内での不適切な対応八件、警察官によるもの一件、その他二件）に対し、私人による侵害二二一件（九五％、騒音等による近所どうしのトラブルのような住居の安全に関する侵害六七件、離婚の強要などの強制・強要四七件、プライバシー侵害二一件その他八六件）となっている。この傾向は全国的にもほぼ同様と推測しても間違いではないであろう。それにしても多少誇張になるが、これではまるで「万人の万人に対する戦争状態」ではないか。ホッブスの言う争いの主要な原因である競争・不信・ほこりが競争社会化しつつある現今の日本に過度に付け加わるとすれば、平等の重視が取り敢えずは身近な者に注意を向け、えてして相手方を傷つけることになるのであろうか。

最後に第三の特徴として、お互いが可能な侵犯者であると想定されれば、人権の救済者として現れるのは挙げて「国家」以外にない、とする理解が導かれるということである。自由主義の伝統からいけば物理力を唯一正当に保持する国家が自由への最大の干渉者であり、したがって「必要・悪」ということになるのであるが、第一の特徴に見られるような平等主義にあっては国家はむしろ差別や不平等を是正する救済者であり、したがって「必要・善」なのである。もっとも、国家の積極的役割についてのこうした肯定的評価には、社会権を保障した二〇世紀型の現行憲法が国土が敗戦で焦土と化した時期に生まれたという事情も重なっている。国家が介入を控えれば大方実現される自由権と違って、社会権の場合には資源の確保から所得の再配分に至るまで国家が目配りをする必要がある。人権らしい人権を日本人が初めて手にしたとき、つまり食糧の配給から始まって高度経済成長を遂げ経済大国として日本再生を果たしていく戦後数十年の時期に、民主主義権力へと変貌した国家は、所有権の制限を容認する労働基本権・生存権の優位性を認めて勤勉な労働力を確保し、いわば「官民一体」を体現するための格好の道具立てとして役立ち、必要・善として実感させるような役割を果たしたと言えよう。社会権を人権のモデルとして戦後を辿ったということが、第一の特徴である平等主義を因とし偏見・差別の廃止、格差是正を果とすることと結びつき、国家を人権の敵対者ではなく救済者と見る傾向を促進したのである。さらに、近年の悪化する治安状況を無視することもできないであろう。二〇〇四年一月に防衛庁立川官舎で「自衛隊のイラク派兵反対」のビラを新聞受けに入れたために住居侵入罪で三人が逮捕されたり、同年一二月政党のビラを各戸に配るためマンションの玄関先まで入ったところを住民に取り押さえられ、後に住居侵入罪で起訴されるといった表現の自由や政治活動の自由に関わるケースが生じている。平等ではなく自由に関係する点で興味深いが、ここではそれよりも逮捕の切っ掛けが住民による通報にあったという点である。とりわけ都会においてはピッキング等の増加による防犯意識の高まりにより住民側の被害者感情が変わり、警察の積極的対応が求められるような事態になっているようである。ここでもビラを配ろうとする人とそれを迷惑がる人とのトラブルに警察が救済者として介入しているのである。市民警察と公安警察の境界も微妙になりつつあるとも言えよう。

以上の三つの特徴は、自由権を中心とする一八・一九世紀型の人権宣言によって国家の私的空間への干渉を排除しようとした西洋起源の人権理解とはかなり異なるところがある。いや、それ以上に対極にあると言っても良かろう。ただ、筆者は後述するようにそうした人権理解が全く間違っているとか、逆に日本での優れた応用であるとか、といった価値評価を加えているわけではない。憲法学で専ら用いられている人権という言葉が日本においては日常用語としてはどのように理解されているのかという事実確認をしてみたというだけのことである。

（「日本における人権意識の特徴」二〇〇六・三）

＊人権に関するアメリカの弁護士の投書

以下は日本のロー・スクールで英米法の教鞭を執るアメリカの弁護士による投書である。「実はだいぶ前から、法務省などのお役所が『人権擁護』のようなキャンペーンをしていることに、かなり違和を感じていた。英米法的観点では、人権を侵害できる主体はお役所以外にあまりいない。だから、お役所が自ら人権擁護を主張するのはどうしても怪しく映る。日本で『人権擁護』という表現は学校のいじめ問題や職場における嫌がらせなどでの使用例が多く、日本における人権は『民』対『官』の権利ではなく、『官』から授かる『民』対『民』的なものに変換されている、という印象が強い」（コリン・P／A・ジョーンズ、二〇〇八年、朝日新聞への『日本型人権』と題する投稿）。

26 「歴史の終焉」と「小さな物語」

＊二〇〇七年（平成一九年）
一月　防衛省発足
四月　四三年ぶりの全国学力テスト実施

今から考えると世紀末を控えたあの八九年のソ連・東ヨーロッパの大動乱に貼られた「歴史の終焉」というキャッチ・フレーズは多少誇張に過ぎた感じがしたにしろ、またそのフレーズ自体について当時から多くの厳しい批判が投げかけられたにしろ、二一世紀の幕開けとなったテロと対テロ戦争・経済のグローバル化を除けば、その後の歴史は坦々と一様に推移しているように見える。グランド・セオリーと言われた「大きな物語」も同様に相前後して終焉したかに見える。その反面、「小さな物語」には事欠かないようである。もっとも、何百万人何千万人の生命が忽ちのうちに失われるような戦争や革命といった「大きな」出来事よりも、多大な生け贄を求めない「小さな」出来事を繰り返すことによって悠久の歴史を続ける方が良いのかもしれない。

そして現に歴史の目的にかなったとか歴史の法則に沿ったとかと言うような言説で線引きされた大きな対立軸は消失し、小さな対立軸が幾つか提唱されている（「小さな」といっても第二次的・派生的で重要性がないという意味ではなく、ただそれによって歴史的・社会的なものの評価基準となるような尺度という「大きな」物差しではないという意味に過ぎないが）。たとえば、市場経済の必要性・存続可能性を共通の前提にした上での市場原理主義 vs. 資本主義経済の民主主義的規制 vs. 市場社会主義（あるいは、アメリカ型資本主義 vs. ヨーロッパ型資本主義 vs. 中国型社会主義）、人間中心主義（欲望自然主義の下での功利・効率性の無限の追求）vs. エコロジー、グローバリゼーション vs. グローカリズム（国境の壁の低下と地方分権化の傾向を反映して世界的・地球的レベルで考え地域的に行動するスタイル）等が取り敢えず思い浮かぶであろう。

ところで、東ヨーロッパの社会主義諸国が公式に社会主義体制という組織として解体したのは上述のように一九八九年から九〇年代にかけてであったが、実質的には既に七〇年前後に崩壊の兆しを見せ始めていた。五〇年代のハンガリー事件を初めにして、六八年の「プラハの春」へのソ連・東独等五カ国の軍隊の介入、七〇年代の半ばに強制収容所群島の様相を表しだしたソ連、八〇年代に入って早々からのポーランド自主管理労組連帯の活動とそれへのワルシャワ軍事機構の介入はその顕著な現れであった。中国の文化革命・カンボジアでのポル・ポト政権による虐殺という七〇年代のアジアでの事件も入れると現に存在する社会主義国・マルクス主義の威信の低下は、一九七九年に出たリオタールの『ポスト・モダンの条件』による大きな物語の弾劾の格好の材料であったと言えよう。そして七〇年代と九〇年代の中間に位置する八〇年代、ここにおいては最早経済体制の違いを超えて広まる「立憲主義」というシンボルの復権が注目されよう。対立軸風に言えば、「小さな物語」の一つとしての民主主義 vs. 立憲主義の登場である（あるいは、議会中心主義による権利保障 vs. 裁判所による違憲審査を通しての基本権保障）。かつてE・モランは、資本主義 vs. 社会主義という対立軸は七〇年代に民主主義 vs. 全体主義に取って代わられたと述べたが（『ヨーロッパを考える』）、八〇年代に入って今度は立憲主義 vs. 民主主義が取って代わったということになろうか。

（「人権、自由主義的・立憲主義的寡頭制と自律的社会」二〇〇七・一一）

27 人権と国家のパラドキシカルな関係

＊二〇〇八年（平成二〇年）
六月　東京秋葉原で無差別殺傷事件
九月　リーマン・ショック
＊二〇〇九年（平成二一年）
八月　民主党衆院選で大勝、政権交代へ

二〇世紀の八〇年代前半に始まったネオ・リベラリズムの潮流はレーガノミックス（一九八一年、アメリカの大統領にレーガン就任）、サッチャリズム（一九七九年、ヨーロッパで最初の女性首相にサッチャーが就任）という呼称の下、主として英米を先駆として席巻した保守革命であったという印象が強かったように思う。しかし、両国に限らず実際には、わが国では一九九六年に発足した橋本内閣をもって始動し、二〇〇一年に史上稀にみる高支持率で船出した小泉内閣で本格的な展開をみることになった第一次・第二次構造改革、それらによる戦後日本の巨大な方向転換も一九八二年に成立した中曽根政権下でその実現を見る第二臨調の基本答申に遡るものであった。また、発足後二、三年で直ちに国有化政策を民営化へと一八〇度路線変更することになった社会党政権のミッテラン大統領が選出されたのも奇しくも同じように一九八一年であった。ネオ・リベラリズムはこのように八〇年代に至って先進諸国でほぼ同時期に現実的な政策として採用される程にまでかつて自由放任思想（「レッセ・フェール、レッセ・パッセ」）と呼ばれていた頃の力を回復し再生したのである。それは文字通り国家（＝政府、以下概ね同義で用いる──筆者注）「からの自由」を重視する立場であり、反対に国家「による自由」を目指した福祉国家の解体を狙った主義・主張である。中核にある考えは周知のように「官から民へ」あるいは市場原理の徹底というスローガンというかフレーズに言い尽くされており、そこから小さな政府、政府による規制の緩和・撤廃、富裕層への所得税・法人税の軽減、社会保障関係費の削減、競争・効率性の重視、結果よりも機会の平等、自己決定・自己責任・自立自助等々がある意味で演繹的に導出されてくるのである。その結果は、今日では既に明白であるが、従来の差別の上に学歴やスキルのない若者の失業や非正規社員の増大による階層分化あるいは格差拡大であり、それに対する反抗はかつてのような政党や労働組合による反対運動よりも建物の破壊や車に火をつけるといった暴動や無差別殺人等の衝動的・個別的な反撥であったり、見えないところでの疲労や不満の蓄積という形で静に進行したりもする。フランスでの都市近郊に住む移民系若者の警官隊に刃向かっての暴動、わが国での総中流意識の解体によるあらゆる領域への勝ち組負け組等の差別意識の持ち込みによるより弱い者へのしわ寄せはその一つの現われであろう。グローバル化が進んだ最近の状況も読み込めばもっと多様な様相を呈していることも間違いなかろう。

ところで、本稿の問題意識にとって興味深いのは、一方ではネオ・リベラリズムによって国民は国家から見放されてもそれを個人的力能を最大限発揮しうる人権としての自由の領域の拡大として歓迎しながら、他方ではしかし現代的貧困の解決という個人だけでは充足できそうにない諸々の要求の実現を国家に求めていくというパラドキシカルな状況である。たとえば、フランスにおいては、『社会国家から人権国家へ?』（二〇〇七年）という著書の中で社会学者のC・ベックは、三〇年来のネオ・リベラリズムへの重大な転回の結果、社会国家（福祉国家とほぼ同義）の弱体化（とりわけ集団による集団のための諸要求からの国家の解放という意味での社会権の衰退を含む）が進行しつつある反面、この現象のもう一つの面として現れている個人の尊厳を中心概念とする人権哲学が集団への権利の配分をも含む形での新しい政治の参照枠になりつつあることに注意を喚起している。わが国では、「新自由主義的国家再編と民主主義法学」の課題に取り組んだ民科法律部会の学会において、その総論的報告の中で晴山一穂は法理論上の課題の一つとして、ネオ・リベラリズムが「弱肉強食・優勝劣敗の自由競争を促進し、格差の著しい拡大と社会的弱者の切り捨てを生み出すものであること」を批判しつつ、「私の報告は、国民の権利保障に果たす国家の役割を重視し、その観点から国家機能の民主的拡充強化の必要性を強調しようとするものであった。しかし、このような立場に対しては、当然のことながら、国家機能の肥大化やパターナリスティックな国家介入を警戒する立場から、国家機能の拡大には慎重であるべきであるとの批判が予想されるところである」（『法の科学』三五号）と述べている。フランスの例がネオ・リベラリズムの支配する国での国民の人権意識の背反的傾向を指摘しているのに対し、後者では社会的弱者への差別解消に向けての研究方法や課題へのアプローチの仕方における矛盾的性格が対比されており、レベルは異なるものの人権と国家の関係をめぐる両義的関係、すなわち国家は人権の侵害者として専ら想定されているのかそれとも人権侵害に対する救済者ないしは人権として主張されているものを実現する機関として想定されているのか、その問題が端的に表出されているという点では共通していると言えるのではないか。

しかし、同一の国家が全く相反する機能を担うものとして立ち現れるこのパラドックス状況は、ネオ・リベラリズムの吹き荒れる極めて現代的な現象のように見えるかもしれないが、その原型は人権と国家の関係を初めて問うた近代政治哲学の中にあり、それがいずれかの機能に重点を移しつつ民主主義革命を通じて近代国家へ、さらに自由民主主義の下で受肉化される福祉国家を経て、今日のネオ・リベラリズムにおいてもまた同様にリレーされたに過ぎないのだとも言えよう。そうした流れを踏まえて、本稿は、第一にパラドックスあるいは両義性の問題自体について、第二にネオ・リベラリズム時代における両義性の現れとその特徴点を明らかにしてみようと試みた。そして第三に両義性のいずれが重視されるかの問題に関し、わが国とフランスを念頭におき、本文の外に〈注〉でも筆者のかなり一方的な結論を述べてみた。

最初に近代国家をめぐるパラドックス（人権の味方であり敵でもあるのか）の孕む問題点の参考例としてカストリアーディスのルソー批判を見ておきたい。すなわち、これは近代国家の成立に関わる社会契約論（規範レベル）と成立後の国家の規制に関わる立憲主義（経験則レベル）の違いに由来するのか、あるいはそもそも社会契約論自体に内在する問題なのか、以下の批判を参考例として挙げておきたい。

人権と国家の関係をパラドックスとして近代政治哲学のなかに読解しようとしたカストリアーディスがとりわけ関心を払い何度も言及しているのはルソーの人権を守るために形成される際の国家の結合契約の内容である。恐らく直接民主制を実現した時期の古代ギリシャへの両者に共通する愛着がそうさせるのであろうが、まずは次の文章を読んでみることにしよう。

「ルソーによる問題の定式化はこうである。『各構成員の身体と財産を共同の力で守り保護し、各人が万人と結びつきながら自分自身にしか服従せず、以前と同じように自由であるような結合形式を見出すこと』。ルソーが自分の問題意識を明確にしようとする際に、見たところ彼の心を強く引き付けている第一の事柄は各構成員の身体と財産を『守り』、『保護する』ことである。どうしてか？　関心事として当然とは言えまい。彼自身が迫害されていたからだろうか？　たしかに『社会契約論』を執筆していた一七六〇年頃は、国王が令状によって投獄や追放を命じることのできた時代である。しかし、何よりもっと根本的な理由として近代政治哲学の不運とも言いうることがある。すなわち、この哲学は白紙状態に基づいて社会契約を打ちたてようとする時でさえも、リヴァイアサン、つまりそこに在り、取り除くこともできず、それに対して人権や『権利章典』を通じて個々人を守り保護しなければならないような国家というイメージから何時も出発して推論している、ということである。……ルソーの思考の本質は『それによって各人が万人と結びつきながら自分自身にしか服従せず以前と同じように自由であるような結合形式を見出すこと』である。それこそがルソーの問題であり、政治思考の領域で栄光に値することである。『各構成員の身体と財産を守り、保護すること』と述べることは全く必要ないのである」（『社会的・歴史的世界における主体と真理』二〇〇二年）。

少し回りくどい表現だが、周知のように近代政治哲学あるいは社会契約論は各人が人間本性上もっているとされる自己の生命、自由、財産等の権利を「守り」、「保護する」ために相互に国家を形成しようと契約を締結するという理論である。ただ、そこまではいいとして、カストリアーディスが問題にしようとするのは、誰に対してかという問題であり、人権宣言、権利章典、憲法上の人権規定において人権を守り保護しなければならない相手として実は国家が想定されている、というパラドックスである。人権を守るという目的で自らが自発的に形成した筈の手段としての国家、その国家が逆に人権の侵害者としてイメージされているとは！　これが不運なパラドックスでなくして何であろうか、というわけである。

＊　＊　＊

補足として「おわりに」から若干の引用をしておきたい。

本稿が対象にしてきた一九八〇年代には法・政治・社会哲学の分野に、人権を初めとして法の支配（法治国家）・立憲主義・結社・市民社会・市場・経済・企業等々といった用語が再び脚光を浴びだした。流れが変わって、リベラリズムがネオとして再生したのであるから当たり前と言われればその通りではあるのだが。その間、世紀を跨いで三〇年弱のうち二〇年位、筆者は、これらの用語を使いながらも底流にあって次第にグローバル化を強めた経済主義・市場主義・個人主義に抵抗を試みたかつての『社会主義か野蛮か』誌グループの一人C・ルフォールの「諸関係の自由」をキー・ワードに再生した人権論のフランスでの展開を少しずつ紹介してきた。しかし、そのような人権はあくまで公的空間の形成手段に止まり空間の中味を埋めるものではない所に飽きたらず、ここ数年は「人権は東の全体主義的圧政に反対するため取り分け採用されたのである。良いことだが、しかし人権を政治全体の実質にしようとしているのは馬鹿げている。人権が一度保障されれば、社会のなかで行うこと社会をどのようにするのかについて知ることが残されているのだ」というグループのもう一人の代表的人物C・カストリアーディスに賛同する気持ちが強まり、また同じように自律論に与して人権の全能性に批判的なスタンスを取っているM・ゴーシェをも参照しつつ少し軌道修正をしているところである。

（「人権と国家の両義的関係」二〇〇九・三）

＊社会契約論と立憲主義との相違

国家と個人の関係に関する二面性あるいは両義性の根源には、社会契約論的発想と立憲主義的思考との違いがあるのではないかというのが筆者の考えである。以下その違いを列挙しておこう。第一に社会契約論が解決しようとする課題は同胞間の争いを解決するための権力の形成であり、他方立憲主義は形成された権力の憲法による制限を目指す。第二に関心の対象は前者においては権力による個人間・私人間による人権侵害の予防や救済にある。後者にあっては権力による個人・私人への人権侵害の抑止であり、それによる安全の確保である。第三に前者はフランス革命に見られたように革命家達は革命の正当化理由に人々の生まれながらの人権（自然権）の保障を掲げたのに対し、アメリカの独立革命においてはイギリスに勝利した既存の一三州の権力に制約を加えるため後に憲法のなかに修正条項という形で人権を次々に書き加えるという方式を採った。第四は思想的系譜に窺える違いで、ロックやルソーのように自由を基礎づける権利から出発するのと、モンテスキューのように権力の起源ではなく結果を辿って自由を侵害する権力から出発するのである。最後に第五として権利意識についてみると、前者にあっては平等な人々の間での人権を確保するのが目的であり、後者では自由は権力に対抗するところに本領があり、したがって権力は最強の侵害者として想定されている。なお蛇足であるが、わが国では社会契約論的な発想の方が強いように思える。25の項目を参照。

28 自律のプロジェと人権

あの九・一一から一〇年が経ち今世紀のゼロ年代も終了した。しかし、当然、それは新たな一〇年代が始まったという単なる物理的な時間単位の開始であるよりも遙かに多くの意味を担い、また少し先に在りそうな成り行きさえ予想し難い程の多様な出来事を伴っているようにも思える。一つを言挙げすれば、かつて存在した社会主義国家と四つに組み、大恐慌と世界大戦の始まる前世紀の三〇年代から半世紀にわたって続いた福祉国家、その福祉国家が終焉を迎えた一九八〇年代初頭から、一九八九年から九一年にかけてソ連・東欧の社会主義国家の崩壊を挟んで、一方勝ちした資本主義経済がネオ・リベラリズムの名の下に剥き出しの市場主義の諸原理によって政治・経済・文化の領域を席巻し続けた三〇年もついに壁に突き当たり、方向転換を模索せざるを得ないかのような事態が出来したのである。もっとも、中国等の新しい経済圏の台頭に連動して立ち直る気配もあり、早急な結論は出すべきではないであろう。しかし、一九八〇年から二〇一〇年までのこの三〇年間、たしかに資本主義 vs. 社会主義という二〇世紀の大半をリードしてきた対抗軸は消失したが、それは一時期言われたように「歴史の終焉」といった対抗軸一般の消失を意味したのか、あるいはこの機会に本当はもっと別の対抗軸もあったのではないかと自問することもできよう。本稿の第一の検討課題はそこにある。

ところで、三〇年を経て仮に福祉国家の再来があり得るとしてもケインズ主義的な福祉国家に立ち戻ることはないであろう。というのも、一時あれほど人の口の端に登ったこともあった「ポスト・モダン」と表象されるような地殻変動が生じていたからである。社会の粘着力というか凝集力といったものが低下ないし溶解して構成部分がもろに露出してきたのだ。要するに、それまで社会を引っ張ってきた集団が解体し、個人が最高の価値をもった核心として浮上してきたのである。例えば、橋本内閣の下で着手され、小泉内閣で圧倒的な支持を受けて本格的に展開されることになるわが国での新自由主義的な構造改革は、欧米先進国に比べ約一〇年以上遅れて実施されることになるのであるが、日本社会の基盤には制度改革の遅れとは関係なく、やはり一九七〇年代の中頃に家族・地域・会社といった伝統的あるいは近代的な帰属集団を失って彷徨う個人・デラシネがその姿を決定的に現している。日本近現代史シリーズの一冊『ポスト戦後社会』（吉見俊哉著）によれば、福祉国家体制の終わりと地球環境問題が喫緊の課題となる外的自然との関係の変化について「第三に、内的自然もまた『ポスト戦後』に大きく変容する。これまで人びとの人生の基盤をなしてきた共同体が崩壊の危機に直面していっただけでなく、自己そのもののリアリティーがすでに述べたような『虚構』のなかに失われていった」。また、「七〇年代以降に顕著になるこの変化は、戦後社会という域を超えて、近代社会の地殻変動が始まっていたことを示している。……だが、高度成長以降の『豊かさ』の実現は、このような生産主義の必要を相対的に弱める。〈未来〉の拘束は相対化可能なものとなり、その弛みから、個人的な〈快〉や〈愛〉を志向する声が大きくなっていったのである」とも述べて、絆から解き放たれた個人の快楽主義的な傾向にも触れている。

同じようなことは本稿が比較の参照枠として念頭においているフランスにおいても見られる。「現代の個人は自己自身に閉じこもった機械、自己産出という幻想によって育った一種のアトムである。消費者としての好みを充足させることにのみ専心しているこれらの個人は、不安定で家族的・社会的・政治的関わりに信頼を置いていない。……自由主義に批判的な多くの人は、自由主義は勝ちすぎであり、その産物である自由主義的個人は不可逆的と言えるほどに社会体から切り離されていると考えている」（カント・スペルベ『自由主義と左翼』二〇〇三年）。当然と言えば当然であろう。新自由主義の名の下に国家が市民社会あるいは国民生活に介入することを控えれば控えるほど、国家はその必要性が自分たちにとって益々無関係なものになるのであるから誰が時間と金を払うほどの関心を向けるであろう。だから、かつて流行したあの懐かしささえ感じさせる「官から民へ」というスローガンにはメダルの表裏があり、官とか公といった公共領域は国民から出来るだけ切り離された領域であること、したがって関心を払う必要もないし、集団や他人を害しない限り自由を謳歌できるが、その代償として個々人は自分のことについては自分の生まれ落ちたる境遇・資産・才能・努力・時々の運不運といった宿命に責任を求めるべきであって、決して国家などに依存心をおこすべきではないのである。そして、ここから第二に果たしてこの行き過ぎた個人主義の来し方行く末を見定めることが出来るのかという課題が出てくる。

最後に第三に、これほどまでにその非社会性・非政治性を烙印された個人を以て社会のリハビリテーションを図る試みは果たして可能なのであろうか？　どこに希望の原理が見出されうると言えるのか?という個人主義の「行く末」に関わる課題である。自分のことだけでなく、否、自分のことのためにも他人にも関係しその承認も協力も必要な共同事項に関心を払い、それらをめぐる判断・議論・決定・執行等を司るという意味での〈個人的・社会的自律〉を目指しての志などはもはや考えられないのであろうか。いやいや、幻想など抱いている場合ではなく地に着いた議論をしなければならない、といった声も聞こえそうである。というのも、せいぜい賞味期限二、三年のタレントを集めての小学生向けクイズ番組や、ローカル色豊かな温泉つき名物料理の食べ歩きツアー程度の企画力しかない映像メディアに、政局か時局とかの雑談を世論なるものだと刷り込まれ、その気になってあるいは空気を読んで同調することがあたかも自分の主体的な政治意思であると思い込むような国民にいつの間にかわれわれはなり果てたのではないであろうか、というわけである。六八年五月の朝憲紊乱に若者たちと共犯関係にあったとされる『社会主義か野蛮か』グループの代表者カストリアーディスも二〇年後に彼の地で次のような嘆声を漏らしている。

「私はペシミストではないが現状は実際に深刻である。生じていることはすべて社会と無関係であるわけではない。人々はこの消費形態、この生活スタイルを望んでいるのであり、テレビの前で大半の時間を使い、お馴染みのコンピューターで遊ぶのを選んでいるのである。……つまり、人々は政治に無関心となり私生活優先で自分たちの小さな『私的』領域に向いている。そして社会のシステムが彼らにその手段を提供している。この『私的』領域に人々の見出すものが一層の責任と政治参加をお座なりにさせるのだ」(『漂流する社会』二〇〇五年)。さらに、二年後の講演では資本主義経済体制のつくりだした「タイプとは何ら関係ない新しい人類学的タイプの出現。こうした男性や女性であったらアメリカ革命やフランス革命はできなかったであろう。産業革命の偉大な人物の役割を演じることとさえも無理だろう」とまで言っている。

以上の諸課題については、筆者もこれまで何度か言及したことがある。とくにこの間の見逃し得ない特徴としての、彼此を問わず人々が「差別は人権侵害である」、「人並みに生きる権利を」とか「もっと多くの権利を」、「自己の特異性に配慮した人権を」といった権利・要求を政治(統治機構)に対して盛んに主張し続けてきたという事態に注目したものであった。一見すると、私的領域に閉じこもって自己利益にしか関心のない筈の人々が、「権利」、「人権」といった法的用語を使用することを契機に、ただ人間として生まれたという事実だけを根拠に普遍性という射程をもった人権とか、責任・義務を負った相手方や彼らを取り巻く第三者など他人の利益の実現をも同時に考慮するような「自由平等で公平公正な社会」の形成を求めていく可能性を夢想してみたこともあった。正直言って、マルクスが問題視したような「個人の自由」ではない「諸関係の自由」をフランスの人権宣言の中に読み込むことによって、権力の周りに対抗性をもった多様な社会関係が構築されるのが見られるかもしれない、それがC・ルフォールを参照しつつ行った筆者の過去四半世紀の仕事の活力であった。残念ながら、今のところそうした試みが成功する見込みはほとんどない。本稿ではむしろ別の面からルソーを出発点にした権力の民主化という戦略を対極におくことによってポスト・モダンから生じた問題の所在を明らかにしてみることにした。

（「自律のプロジェと人権」二〇〇九・一二）

29 「フランス風リベラリズム」への批判

＊二〇一〇年（平成二二年）
四月　沖縄普天間基地県内移設反対集会に九万人参加
五月　普天間基地を辺野古に移転するとの日米共同声明
九月　尖閣諸島で中国漁船衝突事件
＊二〇一一年（平成二三年）
一月　チュニジアで大統領退陣要求デモ（「アラブの春」始まる）
三月　東日本大震災、福島第一原発事故発生
九月　ニューヨークで「オキュパイ・ウォールストリート」運動始まる

英米においては一九八〇年を境にケインズ主義的な福祉国家からネオ・リベラリズムによる最小限国家への転換＝「保守革命」が登場していた。ところで、逆説的にフランスにおいてもほぼ同じ時期に、社会主義を名乗る政党の党首が大統領という最高の権力の座に納まったにもかかわらず、同じような政策を実施し始めたのである。また、人権の母国を標榜するのを常と

する国家でありながら、かつて存在していた頃の社会主義諸国ソ連・東欧で呻吟していた異端者たちへの支援に発する人権論の再生に対してクールな反応・不信・懐疑的な態度も見られたし、さらにルソー流の「一にして不可分な共和国」の一般意志を表明する立法権の優位に対して、立憲主義や法治国家の再活性化・憲法院による法律の審査への積極的な評価、ついには典型とみなされてきたフランス革命へのデラパージュという厳しい批判とアメリカ独立革命への高い評価等々、至る所にパラドックスを感知せざるを得ないといった一見奇異に思われる現象が次々とみられた。通常は、リベラル・デモクラシーなる政治体制の下での平等から個人的自由といったリベラルな諸価値への重心移動として了解可能である。そのように単純には進まず、その辺どちらかと言えば「左派による保守革命」と名付けたくなる位に屈折して現れている。その辺のニューアンスを斟酌してか、フランス革命二〇〇年祭を準備するなかで形成されていったフュレを初めとするリベラル派による知的ヘゲモニーの幅広い潮流を、アルトゥーが「フランス風ネオ・リベラリズム」と命名しているのは言い得て妙である。

さて、その謎めいたパラドックスを見抜く鍵を与えてくれたのはランシエールである。ランシエールによれば、フュレの『フランス革命を考える』（一九七八年）は恐怖政治をフランスの民主主義革命の本質に内在するものとして提示することによって、当時支配的であった全体主義（スターリンの恐怖政治）vs. 民主主義という二項対立を破棄し、それによって全体主義の特徴を幾つか備えた民主主義の革命的遺産を現段階で再考するという二重のモチーフをもっていたとするものである。つまり、全体主義的な恐怖政治批判によって集団的革命幻想を払拭するリベラルな民主制の再構築を提示したといったような「単純な読み方は、〈フュレ〉の作戦が二段構えになっているのを忘れている。というのも、〈フュレの〉恐怖政治への批判は二重底になっているからである。いわば自由主義的な批判は、平等という全体主義的な厳格さに異議を差しはさみ、個人の自由と代表制という共和制の知恵に訴える。〈しかし〉この批判は、初めからまったく別の批判に従属していたのである。この別の批判にとって革命の過ちは、その集団主義にではなくむしろその個人主義にある。この見方に従えば、フランス革命が恐怖政治になったのは、個人の権利を軽視したためではなく、逆にそれを神聖視したためだった」のである（『民主主義への憎悪』松葉祥一訳、二〇〇八年）。また「一九八〇年代以来フランスの知識階級が公然と口にしてきた自由主義は、二重底の教えである。啓蒙思想家たちへの、また自由民主主義や個人の権利に関する英米の伝統への崇敬の背後には、社会体を引き裂く個人主義革命に対する非常にフランス的な告発が認められるのである」と。確かに、個人の自由の確保とその神聖視への批判という一見相反するテーゼからなる二重底と思える主張がある。一方には、ジャコバン派の支配であれ社会主義体制下であれその集団的利害のために個人の諸権利を犠牲にすることへの批判、他方にはしかし擁護された個々人が平等であること・差異が尊重されることを次々と要求して止まない結果生じる個人主義の惨憺たる弊害への批判がある。後には次第に全体主義の脅威が弱まるに連れ二重性は弱まっていくにしても、フュレの強調したかった論点は集団主義の恐怖への「自由主義的批判」という面よりも実はその対極にある個人主義への「別の批判」の方に重点があったというランシエールの指摘には大いに興味がそそられよう。通常の自由主義的批判であれば全体主義への批判と個人の権利の尊重とを強調するだけで終わるであろう。しかし、フランスではさらに反転して個人の権利の尊重こそが疑惑の対象にされる。ここにも「フランス的例外」の一つが見られるが、その発生源はフランス風リベラリズムの共通の地盤であるトックヴィルの個人主義概念の両義性に求められよう。すなわち、「諸条件の平等」の結果、個々人は個人として独立すると同時に、他者との関係を喪失して孤立する。そして孤立の不安から安定を求め多数者の専制あるいは後見者的な強い国家の到来を願うようになる。それは集団主義の批判から出発した個人主義が一巡して集団主義に回帰するというパラドックスに陥ってしまうことを意味しよう。「二重底」理論はそれを避けようとする意図があると思われる。「フランス革命は終わっている」というフュレの『フランス革命を考える』第一部の表題は、リベラル・デモクラシーを安定させるため個人主義の行き過ぎを警戒して個人権の神聖視を改めて本来の位置に差し戻そうとする趣旨が見て取れる。

（「人権は政治か？」二〇一一・三）

30 人権の分岐点

＊二〇一二年（平成二四年）一月　最高裁、君が代懲戒処分で一部容認
一〇月　男女平等度、日本は一三五カ国中一〇一位

今日、自由と民主主義（平等）という政治的価値を表象する「自由民主主義」は別の道を模索する者にとって立ち塞がる巨大な壁である。可能な選択肢は、自由民主主義の枠内で自由の方にかなりウエートを置いた新自由主義か平等を重んじる民主主義を徹底した社会民主主義かの二項に収斂されるかに見える。しかし、筆者はもう一つの選択肢が存在しうると考えてきたが、その切っ掛けはフランスでの人権論の再生に出くわしたことにある。資本主義 vs. 社会主義という対立軸の有効性が失われつつあった一九八〇年に公表され人権論争の端緒になったルフォールの「人権と政治」は人権の私的／公的領域を浮かび上がらせ、一世紀以上にわたる左翼陣営の人権解釈に異を唱えたものであった。ただ両義性を内包しているため、論争が従来通り私的性格を強調する潮流と公的な性格を強調する潮流に分岐する余地を残していた。それは

人権という観念を構成する諸要素（自律・自由平等・主体・妥当領域等）のそれぞれに分割線を入れるか（「分割の原理」＝リベラル・デモクラシー＝リベラルな人権論）入れないか（「統合の原理」＝ラディカル・デモクラシー＝ラディカルな人権論）に過ぎないかに思えるが、実は人権と新たな社会主義との両立可能性の問題という視角からの対立軸の再設定でもあった。

その人権という観念については、ここでは「人間が自律的な生を送るために必要な諸権利」という定義を一応の出発点としたい。その上で人権観念の諸構成要素のうち、「自律」の意味を自己に関することには自らその決定に参加し実行すると理解した場合（決定と実行の分割の廃止）、その自律にも「個人的自律」と「社会的自律」とが考えられるし、「諸権利」の中核である「自由平等」についても「自由と平等」なのか「平等な自由」なのか、権利「主体」は「人間と市民」なのか「人間＝市民」なのか、人権として保障される「生」の領域が属するのは「私的領域」なのか「公的領域」なのか「私的／公的領域」なのか、定義を構成する各々の要素について複数の要素が確認される。筆者はこれらの要素をどのように配置するのか、それによってリベラルな人権論とラディカルな人権論とが理念型として存在するのではないか、と八〇年代の論争を整理しながら考えてきた。

さて、二〇世紀に入って欧米先進国で支配的になった政治形態はリベラル・デモクラシーであることは言うまでもない。一九世紀に確定的となったリベラリズムが二〇世紀に入ってデモクラシーを導入してほぼ一世紀、東西冷戦の終焉をみた一九八九年にはこれに代わる有力な政治形態もなく、「歴史の終焉」というフレーズが流行ったことも記憶に新しい。これに対応するのがリベラルな人権論であるが、政治形態がリベラルとデモクラシーという混合体制であるのを反映して、各構成要素のそれぞれを何れかに振り分けるところに特異性がみられる。つまり「分割の原理」に基づいてリベラルには個人的自律・デモクラシーには社会的自律、リベラルには自由・デモクラシーには平等、リベラルには人間・デモクラシーには市民、リベラルには私的領域・デモクラシーには公的領域が配置される。分割されてはいるが、両要素とも取り入れられ、しかもそれらが相互補完的な関係にあるところにこの政治形態ないし人権論の特徴と強みがある。自由というリベラルな原理がもっとも良く作用するのは私的領域としての市民社会である。競争の自由が他害行為のない限り最大限発揮される場である。しかし、各人が自由に利用しうる資源・財には差異があり、競争の結果は当然不平等である。否、競争それ自体が不平等の帰結を目標とするものである。競争が何世代にもわたって繰り返されれば、遂には極端な格差とその固定化が起こり、社会不安の大きな要因となる。そこで今度は、デモクラシーの平等の原理が登場し、社会権の名でディセントな生活の保障を目指して格差の縮小が図られる。この自由と平等、リベラルとデモクラシーとのバランスが巧く取れているとき問題は最小化されるであろう。アンバランスとバランスが同じ軌道をただ循環するだけとなり、歴史は終焉するのである。こう考えると、「政治哲学の復権」を代表するロールズの『正義論』(一九七一年)があれほど国際的に受容されていった要因が理解できるように思える。正義の二大原理の一つである第一の「平等な自由の原理」はリベラルに、第二の恵まれない人々への福祉を基礎づける「格差原理」はデモクラシーにそれぞれ見事に対応していることが分かる。

このように人権を構成する諸要素をリベラルとデモクラシーの原理に「分割」し相互の間にバランスを見出そうとするのと異なって、ラディカルな人権論は反対に「統合・等号」するところにその特徴がある。まず、自律と自由平等についてカストリアーディスを参照してみよう。「諸個人の自律、自由は……とりわけ権力へのすべての人々の平等な参加を内容としている。平等なしには自由もないのと同様に、権力への平等な参加なしには自由はない。もし他人が私に関わることを決定し、しかもその決定に対して私が何も関係できないとすれば、どのようにして私は自由であり得ようか。ある自由主義的伝統にお馴染みの考え方に反して、自由の要求と平等のそれとの間には二律背反ではなく相互的な含意の関係があることを断言しなければならない」(『人間の領域』一九八六年)と述べている。不平等な上下関係のもとで果たして下の者が上の者の意向に反して自由に行動できるのか。平等がなければ自由はないのであり、自由がないとすればそれは平等でないからである。したがって、自律は個人的・社会的(集団的)自律を同時に包含するのであり、また自由と平等も単なる補完関係ではない。

マルクスに近いスタンスを保持しているバリバールだが、『人権宣言』の読解に関してはマルクスの真反対である。分岐点になっているのは『宣言』の人間は国家のメンバーである市民の対極に位置するような「私的な個人」ではないという理解である。それどころか『宣言』は「人間」と「市民」との同一視、ひいては「人権」と「市民権」との同一視さえしていると解釈する。その根拠として例えば第一条「人は自由、かつ権利において平等なものとして生まれ」と第六条「すべての市民は法律の作成に参加する権利をもつ」を並べ、「宣言のなかでの平等の扱いは人間と市民との最も強力で最も正確な同一視の場である」という結論を導き出している。これだけでは些か根拠薄弱の感を免れないが、確かに「平等」という文言を共通分母にして「人間」と「市民」は「人間＝市民」と等号記号によって「統合」されてはいる。さらに進んで「平等」と「自由」の等号（「平等＝自由」）も読み込まれ「L'Égaliberté」という新造語も編み出して言葉の上でも「統合」を試みているほどである（『平等の命題』二〇一〇年）。

一九八〇年代にフランスで再生した人権論の出発点となったルフォールの「政治と人権」が切り開いた新しい人権読解（マルクス『ユダヤ人問題によせて』への批判）を出発点にした現状肯定的なリベラルな人権論と現状否定的な左翼のラディカルな人権論との対立について述べてきた。ところで、後者の意味する通りに「自律」を社会的自律にまで拡張すれば私企業も資本家・経営幹部だけでなく末端の従業員までも含めて全員「平等」な立場で経営方針についての決定に参加しそれを実行に移す（「自由」）というような経営組織に改変しなければならないことを意味する。しかし、それはもう資本主義とはいえないであろう。消えたはずの対立軸が人権論という別の形で再浮上してきたのであるが、しかし東ヨーロッパに見られたような社会主義では勿論なく、権力・経済の領域にも決定と実行についての分割の廃止を目論む自律社会としてである。では、今後は現在支配的なリベラルな人権論と自律社会を目指すラディカルな人権論とが左右に分かれて対立するという構図になるのであろうか。

（「人権論の分岐点」『危機的状況と憲法』二〇一二年）

＊新しい社会主義への模索

旧ソ連型のマルクス主義と違って先進資本主義国での議会制を通じての社会変革を重視する社会主義路線の外に、協同組合型をモデルにした協同組合型社会主義、フランスでのトックヴィル的伝統を継承した第二左翼によるサンディカリズム、『二一世紀の資本』で世界的に有名になったピケティーが示唆している非配当と出資額に必ずしも比例しない議決権制度による「非営利企業」モデル等々、実体経済を無視した投機資本主義にとって代わるモデルを真剣に考えてみる時機であろう。その際、筆者が留意すべきだと考えているのは、国家と市民社会（＝経済社会と親密圏）という従来型の二元論的な構成と違って、国家（公的領域）・市民社会（私的／公的領域）・個人・家族・友人などからなる親密圏（私的領域）という三元論的な分割である。その中で重要なのは市民社会のうち営利を目的にした企業と非営利のＮＧＯ・ＮＰＯ・クラブ・教会その他の自発的結社との区別である。そして筆者がラディカル・デモクラシーの立場から構想している「自律的社会」は、公的領域での平等原則（たとえば憲法第一四条や第四四条＝人種・信条・性別・社会的身分・門地・教育・財産または収入によって差別されないと規定されている）を市民社会のなかの企業ないし経済社会にも貫徹させることによって実現されるのである。

31 いかなる人権論か

＊二〇一三年（平成二五年）
一月　警察庁によれば前年の自殺者数、一五年ぶりに三万人を下回る
六月　アメリカ連邦最高裁、同性婚の禁止を違憲とする判決

J・V・オランドルは「われわれヨーロッパ人は自由主義者であれ社会主義者であれ、穏健派であれ急進主義者であれ、進歩派であれ保守主義者であれ、民主主義者であるという点では変わらないのだ。もっとも、その民主主義という観念に関してラディカル・デモクラシーの支持者とリベラル・デモクラシーの擁護者との間には重大な不一致があるのだが」と述べている。これを人権論に置き換えれば、ゴーシェはリベラル・デモクラシーによる人権の非政治化・私的領域化を求めたのに対し、ラディカル・デモクラシーの支持者は人権に特権的な法的道具としての地位を認めようとする。その方法として――how「どのように人権を保障するのか」――ラディカルな人権論は各要素の分割されたそれぞれを択一するのではなく、逆に統合や等号によって同一視ないし補完関係にあるものにするのである。というのも例えば個人的自律がいかに大切であろうと公的領域の権力に自己のコントロールが及ばないとすればその自律でさえ権力の裁量の下に置かれているに過ぎないからである。権力の介入し得ない範囲での個人的自由・自律は制限された受動的な一面に触れているに過ぎないと見られる。むしろその範囲を決定すること自体が先決問題であり、しかも決定の影響を受ける者自身が決定に参加するのでなければ他律ではあっても自律とは言えなくなる。またそもそも不平等な社会関係にある人々の間で下位の人々に上位の人々の意に反して自由に考えそれを表明したり行動に移したりすることが不安感を抱くことなしに果たしてできるのであろうか。そこでルフォールの「人権と政治」、ゴーシェの「人権は政治ではない」という論文に一〇年遅れてÉ・バリバールは、「人権と市民権」（一九九〇年）・「人権の政治とは？」（一九九一年）と題した論文で全く意表を衝くような一七八九年人権宣言の読解を展開して見せた。マルクスの有名な解釈に反して『宣言』の「人間」は「私的な個人」ではないという読解を出発点にして、『宣言』は「人間」と「市民」との同一視、ひいては「人権」と「市民権」との同一視さえしていると解釈するのである。その根拠として例えば第一条「人は自由、かつ権利において平等なものとして生まれ、……」と第六条「すべての市民は法律の作成に参加する権利をもつ……」を並べ、「宣言のなかでの平等の扱いは人間と市民との最も強力で最も正確な同一視の場である」という結論を導き出している。

ここで不思議にも振り出しに戻ったような気分におそわれる。『ユダヤ人問題によせて』でのマルクスの議論にである。すなわち、近代の革命は市民社会の政治的性格を揚棄するものとして一方では人間を市民社会の成員として利己的な独立した個人へ、他方では政治的国家の普遍的な業務を担う市民へと還元した。リベラルな人権論が所与の前提にする国家と市民社会・市民と人間・市民権と人権という区別を政治的解放の成果として把握したのである。しかし、マルクスはそこに止まらないで次なる課題としてルソーの『社会契約論』での政治的人間の抽象化に関する文章を引用しつつ「現実の個体的な人間が、抽象的な公民を自分のなかに取り戻し個体的な人間でありながら、その経験的生活、その個人的労働、その個人的諸関係のなかで、類的存在となったとき、つまり人間が彼の『固有の力』を社会的な力として認識し組織し、したがって社会的な力をもはや政治的な力というかたちで自分から分離しないとき、そのときはじめて、人間的解放は完遂されたことになるのである」と政治的解放から人間的解放への道しるべを印している。政治的国家と市民社会の分離および市民（市民権）と人間（人権）の分離・区別の廃止という目標、そしてこれを目指しているのがラディカルな人権論であることは容易に見て取れよう。それは八九年前後の現実に存在した社会主義国の崩壊や完全に威信を失ったマルクス主義を前にして、取り敢えず今後の方向として人権論を組み入れた新たな社会理論の構想を目指す必死の試みと理解すべきであろう。結局、市民権と区別される人権によって国家

（公的領域）と市民社会（私的領域）の間に断裂線が引かれたとするマルクスの『人権宣言』読解に異を唱えて八〇年代の再生論の嚆矢となったルフォールの「政治と人権」による個人主義的人権批判にもかかわらず、一〇年経過してみると右にリベラルな人権論の潮流、左にラディカルな人権論の潮流の存在に見られるように『ユダヤ人問題によせて』での政治的解放と人間的解放という通時的対比が共時的なそれとして再生しているに過ぎない、とも総括できるのである。

（「いかなる人権論か？」二〇一三・三）

＊「日本社会の総劣化」という苦言

「デフレ不況を壱拾五年も続け、毎年三万人の自殺者を出し、学校を出た若者が就職すらできないという経済。中国や韓国の『歴史認識』なる空疎な言葉に恫喝され、自国領土まで掠めとられそうな外交。自力防衛すらしないため万事アメリカの言うがままの政治。親殺し子殺しのごときかってはなかった凶悪犯罪や学校でのいじめによる自殺などが頻発する社会。選挙のことばかり考えている政治家、省庁の利権ばかり考える官僚、大企業の利益ばかりの財界。これらを批判するどころかすり寄る大新聞や御用学者達。国家や国民より自己保身を優先させるこれらリーダー達に他愛なくだまされ後になってほぞをかむことを繰り返すばかりの国民。わが国の広範な体質劣化は明白と言ってよい」（藤原正彦『グローバル化の憂鬱』二〇一三年）。諸手を挙げて賛同する人も多いであろう。筆者もその一人である。

32 人権の十字路

*二〇一四年（平成二六年）
四月　消費税八％に引き上げ
七月　集団的自衛権行使を容認する閣議決定
*二〇一五年（平成二七年）
九月　安保関連法成立
*二〇一六年（平成二八年）
四月　熊本大地震発生
六月　イギリス、国民投票でＥＵ離脱派が多数
一一月　米大統領選でトランプ氏選出、欧米で既成政治への批判高まる

二〇一二年末の安倍政権の再登場によって世情ははなはだ穏やかならざる様相となった。政治家三代目の首相は「暴れん坊将軍」さながらにあの手この手の戦法（内閣法制局・ＮＨＫ・日銀・原発規制委員会を初めとする人事や憲法の改正条項の改正、集団的自衛権の容認による解釈改憲、秘密保

護法の強引な成立等々）を駆使して「戦後レジームからの脱却」を目指している。自民党の改憲草案に見られる脱却後の日本は、人権やリベラル・デモクラシーといった欧米先進国と共通する価値を果たしてどこまで真剣に担っていけるのか、つい疑心暗鬼にならざるを得ない。戦前へのノスタルジーが盛んに漂うような気がする昨今、未来の座標軸を求めてラディカル・デモクラシーに基づく人権論を説くなどアナクロニズムの最たるものと言われるに違いない。

さて、本稿の「人権の十字路」という標題は、リベラル・デモクラシーという政治的価値（「自由の平等権」）の重要性を前提にした上で、ほぼそれら（自由権と平等権）をバランス良く実現しようと試みているヨーロッパ型、リベラル（自由権）に重点を置いたネオ・リベラリズムのアメリカ型、どちらかと言えばデモクラシー（平等権＝社会権）の方に重きがあるソシアル・デモクラシーの北欧型という三つの選択肢と、最後にリベラル・デモクラシーを超越するラディカル・デモクラシー（「平等な自由権」）とその反対の人権否定や制約を狙う復古主義型（国民の義務あるいは社会秩序の安定の強調）という異質の二類型を含む第四類型の選択肢を念頭においたものである。われわれは終極的にどの道を選ぶべきなのであろうか。

筆者が再三再四言及してきたカストリアーディスは出身地ギリシャにかって存在した直接民主制を終生念頭におき、その現代版ともいえる自律的社会の実現を執拗に追求してきたが、ギリシャ悲劇の根底に人間の「ヒュブリス」（傲慢）を読み取っていたのが記憶に残る。かの自律的社会論によれば、人間の想像的創造力に基づいて社会は自己を制度化しつつも制度と化した諸々の制度によって制約されるというのであるが、筆者は社会の自己制度化運動をアプリオリに肯定し現実化可能な運動として考察する構成的理念としてではなく、むしろカントの統制的理念として理解すべきであると考えてきた。だからラディカル・デモクラシーやラディカルな人権論も「ヒュブリス」に陥らぬよう現行のリベラル・デモクラシーやリベラルな人権論とともに永続的に評価され批判に服さざるを得ない。

因みに二〇一五年末時点での自公政権をラディカル・デモクラシーの「平等な自由権」という理念に基づいて評価してみれば、第四類型の戦前への復古主義的傾向とアメリカ型のネオ・リベラリズムの奇妙な混合型であり、せめてヨーロッパ型へ、できればさらに北欧型へ移行してもらえれば、美しいばかりでなく安心で希望のもてる日本になるのではないかと思う。他方、ラディカル・デモクラシーはまだ実現を見ていないので評価しにくいが、理論レベルでの最大の難問は、自律的社会を創る自律的人間はどのように生まれ成長してくるのか、あるいは自律的社会の方が自律的人間を先に生み出すのか、この因果の悪循環を断ち切る方法は果たして存在するのか、「教育」がキーになると思うが、ではその教育を担う教育者は誰がどのように育てるのか、といった点である。結局のところ、現在のリベラル・デモクラシーの下で「平等な自由権」を模索する人権 vs. 権力という対抗運動のなかにしか悪循環を断ち切る芽は生成し得ないのであろう。

（『人権への視座』二〇一六・五）

＊格差社会における生活への満足感

戦後復興期から六〇年代の高度経済成長期を経て七〇年代に「一億総中流意識」が取り沙汰され「豊かな社会」の到来となった。しかし早くも八〇年代末から九〇年代にかけて徐々に中間層が分断されて階層化がおき、「格差社会」が始まった。今世紀に入るとグローバリズムとネオ・リベラリズムの一層の展開から非正規雇用の人口が激増し、「豊かな社会」の崩壊に伴って「格差社会」あるいは近年では新たな「階級社会」の出現と言われる程になってきた。ところが、他方では内閣府国民生活調査（二〇一三年）によると生活への満足度につき「満足」「まあ満足」と答えた人は七一％で一八年振り。翌一四年の調査でも七〇・三％の人が満足と答えている。この研究者による現状認識と調査結果の不一致をどう考えたらよいのか。虚偽意識による存在と意識のズレなのか、所得・収入については不満、老後の生活についての不安が一番多くその点で日本人の美徳と言われてきた我慢や忍耐の現れで不一致ではないと考えるか。どのように考えるかによって、先の四類型のどれが国民のニーズに近いあるいは賛同される可能性があるのかの判断材料になるであろう。

あとがき

書名の側にあるように、本書は前世紀の八〇年代初頭から執筆を始め、今世紀の一六年までの人権に関する一連の論文を纏めたものである。この三〇数年は長いようであり短いようでもある。最初から三十数年を見越してほぼ毎年のように書き続けたわけではないが、今振り返ってみると同じようなテーマでよく飽きもせず続けたものだ、という点では長かったのかなという感慨を覚える。しかし、かといって別に継続は力なりと毎年意識して一編一編を書き上げたわけではなく、結果としてたまたま同じ道程を辿っていたに過ぎなかったという気持ちの方がむしろ強い。ただそれにしても瞬時に変わる五感による長短の感覚はさておいて、一冊に纏めるためパソコンに打ち直しをしていると、この間の執筆用具の激変にまったく驚かされる。大袈裟に言えば、本書で訴えたかった内外の画期的な出来事の発生がなんと陋屋の一隅にも平等に反響していたのである。

勿体振らずに告白すれば、筆者は八〇年代は市販の二〇〇字詰め原稿用紙にボールペンで手書きし、それを家内が清書して学科内の紀要委員に渡していた。文字どおりの家内作業であった。紙様のお陰を忘れてはいけないと今にして思う。ところが九〇年代になると工場の職人技とでもいうのか、貧乏長屋にもワープロ・「文豪ミニ」が入り、フロッピーに入録することができるようになり家内労働は全部削除されたが、家内は失業を嘆くどころか余暇時間が激増し大いに喜んでいた。労働者の喜ぶ顔を見るのはこちらも嬉しい。新たな文具の神の登場に感謝する。尤もこの感謝も長続きしなかった。世紀末に我が家にもパソコンが闖入することになり、その結果、ゼロ年代に小さいが大容量のＵＳＢメモリが薄い四角形のプラスチックに取って代わった。ついに地方の我が家にもＩＴ産業の恩恵がトリクル・ダウンしたらしい。やはり本物の神は細部に宿っているらしい。

こんな下らないことを長々書いたのは、実は第四次産業革命といわれるＡＩの時代の到来が声高に叫ばれているからである。思い起こせば、古代ギリシャでは自動機械がないことを根拠に奴隷制を正当化していたようであるが、ＡＩ時代の到来はまさに古代の代表的な叡智が夢想した自動機械を実現した。経済学者に賃金奴隷とかつて呼ばれた労働者達は今こそ奴隷の軛から解放される物質的根拠を獲得したことになる。国際語となったカローシが死語になる日も近いと期待した人も多い筈である。ところが、あに図らんや、大銀行をはじめとして店舗の縮減や事務の合理化等を理由に雇用の大整理を画策しているらしい。革命的とも言われる大転換期にこの程度の古くさいアイデアしか思いつかないような経営陣や経済体制は、もう生き残る正当性を失っているのではないか。それこそ早々にＡＩに経営を任せて失業し、別の経済体制の誕生に寄与して頂きたい、と言われ兼ねないであろう。
最後になったが、出版事情が年ごとに厳しくなっていくなかで、本書の出版を引き受けて頂き、構成や校正にも入念にチェックして貰い、おそらく筆者にとっての最後の著書に多大の支援を受けることになり、今回も改めて黒川美富子代表と山下信編集長に感謝し心からのお礼を申し上げたい。

二〇一八年四月

日本国憲法の行く末を憂慮しつつ

佐々木允臣

著者紹介

佐々木允臣（ささき のぶおみ）

1942年　広島市に生まれる
1966年　同志社大学大学院法学研究科修士課程修了
現　在　島根大学名誉教授
専　攻　法哲学
主　著　『人権の創出』（1990年　文理閣）
　　　　『自律的社会と人権』（1998年　文理閣）
　　　　『もう一つの人権論〈増補新版〉』（2001年　信山社）
　　　　『人権への視座』（2016年　文理閣）

「はじめに」で読み解く再生人権論史
1983－2016

2018年6月10日　第1刷発行

著　者　　佐々木允臣

発行者　　黒川美富子

発行所　　図書出版　文理閣
京都市下京区七条河原町西南角　〒600-8146
TEL（075）351-7553　FAX（075）351-7560
http://www.bunrikaku.com

印刷所　　モリモト印刷株式会社

ISBN978-4-89259-825-8